माँ

(एक बेटी के अहसास की कहानी)

नाज़रीन अंसारी

प्रभात
प्रकाशन

प्रकाशक
प्रभात प्रकाशन प्रा. लि.
4/19 आसफ अली रोड, नई दिल्ली–110002
फोन : 011–23289777 • हेल्पलाइन नं. : 7827007777
इ–मेल : prabhatbooks@gmail.com ❖ वेब ठिकाना : www.prabhatbooks.com

संस्करण
प्रथम, 2023

MAA
by Smt. Naazrin Ansari

Published by **PRABHAT PRAKASHAN PVT. LTD.**
4/19 Asaf Ali Road, New Delhi-110002

ISBN 978-93-5521-826-1

यह पुस्तक मेरी माँ को समर्पित है।
मैं इस पुस्तक में और भी बहुत–कुछ लिख सकती थी,
लेकिन माँ के अलावा मेरे हाथ कुछ और लिखने के लिए
अग्रसर नहीं हुए। मेरी इस पुस्तक में
माँ के इस दुनिया से जाने की
असहनीय पीड़ा का वर्णन है।

भूमिका

मेरा नाम नाज़रीन अंसारी है और मैं एक लेखिका हूँ। मेरा जन्म 30 अक्तूबर, 1977 को मुंगरा बादशाहपुर (ज़िला-जौनपुर) क़स्बे में हुआ था। मैंने अपनी स्कूली शिक्षा वहाँ के सार्वजनिक कॉलेज से की थी। मैंने उच्च शिक्षा में पोस्ट-ग्रैजुएशन (एजुकेशन) की शिक्षा प्राप्त की है।

इस पुस्तक में माँ की ख़ूबियाँ और विस्तार से लिखना चाहती हूँ। माँ की यादों का कुछ और पन्ना आपसे जोड़कर फिर से उन यादों में जीना चाहती हूँ। पिछले मातृ-दिवस पर मेरी पहली पुस्तक 'माँ' शीर्षक से प्रकाशित हुई थी। वह दिन मेरी ज़िंदगी का बहुत ख़ास और क़ीमती दिनों में से एक था। मेरे लिखने की शुरुआत को आयाम मिला था, एक स्थान मिला था, मेरे नाम को एक पहचान मिली और आप सबका ढ़ेर सारा प्यार मिला। यह पुस्तक मेरी पहली पुस्तक से ही जुड़ी है, बस मैं कुछ और भावनाओं के सागर का बहाव लेकर आई हूँ। माँ ऐसी हस्ती हैं, जिनकी अनगिनत खूबियाँ थीं, उनके बारे में सबकुछ समेटकर लिखना मुश्किल है। बस कोशिश की है अपने दिल के जज़्बात से आप सबको रू-ब-रू करवाऊँ और अपने आपको मुतमईन (संतुष्ट) कर पाऊँ। जैसाकि मैंने पहली पुस्तक में बताया है कि

हिंदी मेरे सभी विषयों में से बहुत ही प्रिय विषय था। मेरे बच्चे जब छोटे थे, तब मैं उनके स्कूल के लिए छोटी-छोटी कविताएँ लिखकर देती थीं। मैंने कुछ शायरी भी लिखी थी। इधर दो-तीन सालों से मेरे मन में बहुत सारी भावनात्मक और काल्पनिक विचारधाराएँ उत्पन्न हो रही थीं। मुझे थोड़ा-थोड़ा ऐसा लग रहा था कि मुझे लिखना चाहिए, परंतु घर की ज़िम्मेदारियों के बीच मैं ज़्यादा इस विषय पर सोच नहीं पा रही थी। कोरोना के समय में मेरे मन-मस्तिष्क में बहुत-कुछ चल रहा था, मैं घर में अपने पति और बच्चों से यह चीज़ें बता रही थी, सबने कहा कि ऐसा है तो आप लिखिए और आपको लिखना चाहिए। मेरी माँ का 1 सितंबर, 2021 को इस दुनिया से जाने का दुःख मेरे हृदय में उथल-पुथल मचा रहा था। मन बहुत ही परेशान और बेहाल था, कुछ भी अच्छा नहीं लग रहा था, तब मैंने सोचा कि मुझे लिखना चाहिए और इस तरह मैंने मेरी पहली पुस्तक 'माँ—एक बेटी के अहसास की कहानी, माँ से मेरे रिश्ते का अनुभव' लिखी थी। मैं उस पुस्तक में सिवाय दर्द के और कुछ ज़्यादा नहीं लिख पाई थी, बस इसी ख़याल से मैं अपनी पहली पुस्तक के भावनात्मक बहाव को थोड़ा और विस्तारपूर्वक आपसे साझा करना चाहती हूँ और बहुत सारी कविताओं और कुछ पुरानी यादों को इस पुस्तक के पन्नों में जोड़ रही हूँ। पुरानी मन की व्यथा के साथ कुछ और मन की व्यथा को इस पुस्तक के माध्यम से आप सबके साथ बाँटना चाहती हूँ। जब बात माँ पर आती है तो क़लम

अपने आप भागती है। मेरे लेखन की शुरुआत माँ की पुस्तक से हुई है, इसलिए मुझे पूर्ण विश्वास है कि मेरे हर लेखन में मेरी माँ की दुआ शामिल है। माँ हैं तो हम हैं, माँ के बिना सब सूना, सब बेरंग है। माँ के जन्म देने से हमारा जन्म होता है और आज जब यह पुस्तक मैं माँ के लिए लिख रही हूँ तो मुझे लग रहा है, मेरा पुनर्जन्म हुआ है। इस पुस्तक को अवश्य पढ़ें, इसमें मैंने माँ के लिए बहुत ही प्रेम बहाया है। माँ नहीं हैं तो अपने अथाह दर्द को भी आपसे बाँटा है। आशा करती हूँ कि यह पुस्तक आप सबको आपके माता-पिता के और क़रीब करेगी।

धन्यवाद,

—नाज़रीन अंसारी

कार्यालय संयुक्त निदेशक (वाणिज्यिक)
एन.डी.एम.सी. स्मार्ट सिटी लिमिटेड, नई दिल्ली
नई दिल्ली नगर परिषद्
कमरा क्र. 7001, 7वीं मंजिल, पालिका केंद्र
संसद् मार्ग, नई दिल्ली-110001
दूरभाष सं. : 011-41501367

शुभकामना संदेश

मैं, मेरी पत्नी नाज़रीन जी को इस पुस्तक के सफल प्रकाशन के लिए बहुत-बहुत शुभकामनाएँ देता हूँ। नाज़रीन जी की यह पुस्तक 'माँ—एक बेटी के अहसास की कहानी, माँ से मेरे रिश्ते का अनुभव' उनकी पहली पुस्तक का ही जुड़ा हुआ भाग है। नाज़रीन जी अपनी पहली पुस्तक की भावनाओं के साथ इस पुस्तक में 'माँ' की कुछ और भावनाओं को जोड़ रही हैं। माँ के लिए अपनी कुछ और विचारधारणाएँ प्रस्तुत कर रही हैं। मैं नाज़रीन जी की इस भावना का सम्मान करते हुए उन्हें बहुत-बहुत शुभकामनाएँ देता हूँ और आशा करता हूँ कि भविष्य में भी इसी तरह अपने लेखन द्वारा हम सबको गौरवान्वित करती रहेंगी तथा मैं उनके आने वाले दिनों में उनके उज्ज्वल भविष्य की कामना करता हूँ।

शुभकामनाओं सहित,

(अब्दुल वाहिद अंसारी)
संयुक्त निदेशक (वाणिज्य), सिटी डाटा ऑफिसर,
अपर महाप्रबंधक (एन.डी.एम.सी. स्मार्ट सिटी लिमिटेड, नई दिल्ली)
नई दिल्ली नगरपालिका परिषद, नई दिल्ली

सतीश उपाध्याय
उपाध्यक्ष
Satish Upadhyay
Vice Chairman

नई दिल्ली नगरपालिका परिषद्
DELHI MUNICIPAL COUNCIL
पालिका केंद्र, संसद् मार्ग, नई दिल्ली-110102
Palika Kendra, Sansad Marg, New Delhi 110102

शुभकामना संदेश

श्रीमती नाज़रीन जी के द्वारा लिखी पुस्तक, जिसका शीर्षक 'माँ—एक बेटी के अहसास की कहानी, माँ से मेरे रिश्ते का अनुभव' के सफलतापूर्वक प्रकाशन के लिए आपको तहेदिल से शुभकामनाएँ देता हूँ।

मैं आशा करता हूँ कि आप इसी प्रकार आगे भी अपने अनुभवों को पुस्तक के माध्यम से पिरोएँगी और अपने प्रशंसकों को अपने अनुभवों से अवगत कराती रहेंगी।

शुभकामनाओं सहित,

(सतीश उपाध्याय)

Tel. : 91 11 23360065, e-mail: satishupadhyay161@gmail.com, twitter : @upadhyaysbjp

Virender Singh Kadian
Advocate
M.L.A. Govt of NCT of Delhi (Delhi Cantt)
Member New Delhi Municipal Council (N.D.M.C)
Chairman Ayurvedic & Unani Tibai College & Hospital

1/30, Sadar Bazar, Delhi Cantt
New Delhi-110010
Mob. 9958299122, 7838464822
Ph. 011-25694903
Email : virendersinghkadian@gmail.com
Websist/Blog : www.virendersinghkadian.com

Ref. N. VSK/1971/04/22/MiK   Date...................................

शुभकामना संदेश

श्रीमती नाज़रीन जी! आपके द्वारा रचित 'माँ!—एक बेटी के अहसास की कहानी, माँ से मेरे रिश्ते का अनुभव' शीर्षक की पुस्तक के सफल प्रकाशन के लिए हार्दिक शुभकामनाएँ देता हूँ और आप एक गृहिणी होने के साथ-साथ किताब की रचना कर रही हैं, बहुत प्रसन्नता की बात है। मुझे आशा ही नहीं, पूर्ण विश्वास है कि आपके द्वारा रचित पुस्तक से सभी लाभान्वित होंगे एवं भविष्य में भी आप अपनी प्रतिभा से अवगत कराती रहेंगी। मैं आपके उज्ज्वल भविष्य की कामना करता हूँ।

शुभकामनाओं सहित,

(VIRENDER SINGH KADIAN)
MLA Govt. of NCT of Delhi (Delhi Cantt)
Member New Delhi Municipal Council

विशाखा शैलानी
सदस्य
Vishakha Shailani
Member

नई दिल्ली नगरपालिका परिषद्
DELHI MUNICIPAL COUNCIL
3rd Floor, Palika Kendra, Sansad Marg,
New Delhi-110001

शुभकामना संदेश

श्रीमती नाज़रीन जी! आपके द्वारा रचित 'माँ—एक बेटी के अहसास की कहानी, माँ से मेरे रिश्ते का अनुभव' शीर्षक की पुस्तक के सफल प्रकाशन के लिए हार्दिक शुभकामनाएँ देती हूँ।

मुझे आशा ही नहीं, पूर्ण विश्वास है कि आपके द्वारा रचित पुस्तक से सभी लाभान्वित होंगे एवं भविष्य में भी आप अपनी रचनात्मक प्रतिभा से अवगत कराती रहेंगी। मैं आपके उज्ज्वल भविष्य की कामना करती हूँ।

शुभकामनाओं सहित,

(विशाखा शैलानी)

सदस्य, न. दि.न.प. परिषद्

मेरी प्यारी नानी

मैं, मेरी नानी को बहुत प्यार करता था, मेरी नानी ही बहुत प्यारी थीं। पहले नानी हमारे यहाँ आती थीं, मगर इधर कई सालों से नानी की तबीयत ठीक नहीं रहती थी, इसलिए वे हम सबके पास नहीं आ पाई थीं। मैं मम्मी को हमेशा बोलता रहता था कि नानी को बुला लीजिए, मम्मी कहती थीं कि बेटा, मैं भी चाहती हूँ कि नानी मेरे पास आएँ, लेकिन उनकी हालत ऐसी नहीं थी कि वे इतनी दूर का सफर कर पाएँ। मेरी मम्मी को जब नज़र लगती थी तो वे मुझसे मिर्ची से नज़र उतरवाती थीं। एक बार नानी जब हमारे घर आई थीं और उनकी तबीयत थोड़ी भारी लग रही थी, तब मम्मी ने कहा कि नानी की भी नज़र उतार दो। मैंने मिर्ची से नानी की नज़र उतारी थी। नानी इतनी ख़ुश हो रही थीं और ख़ूब हँस रही थीं। नानी ने कहा कि अरे, मेरा छोटा सा बच्चा नज़र भी उतारता है, फिर उन्होंने कहा कि सचमुच मेरी तबीयत हलकी हो गई। उन्हें मेरा नज़र उतारना बहुत अच्छा लगा था। मेरी प्यारी नानी के साथ यह एक मीठी सी याद है। अभी 5 महीने से नानी बहुत बीमार थीं। मैं उनको देखता था तो मुझे बहुत प्यार आता था और उनकी ऐसी हालत देखकर बहुत

अफ़सोस (दुःख) भी होता था। हम सब लोग उनके लिए बहुत दुआ करते थे कि वे ठीक हो जाएँ, लेकिन वे ठीक नहीं हुईं। खुदा मेरी नानी माँ को जन्नत नसीब करें। आमीन!

—अयान अंसारी

मेरी फूफी (सास)

कहने को मैं दामाद हूँ, लेकिन मेरी फूफी (बुआ) ने हमेशा मुझे बेटे जैसा प्यार दिया। मैं उनके चचेरे भाई का बेटा हूँ, इसलिए वे मुझे पहले से जानती थीं। मेरी सास, जोकि रिश्ते में मेरी फूफी लगती थीं, इस वजह से मैं हमेशा से उनको फूफी कहता था। वे हमेशा से हमारे घर आया-जाया करती थीं, क्योंकि हम रिश्ते में थे। मेरी फूफी बहुत ही सादे विचारोंवाली महिला थीं। बहुत ही नेकदिल और दयालु थीं। जब भी मैं बादशाहपुर जाता था तो उनसे मिलने ज़रूर जाता था और वे बहुत ही प्यार से अपने हाथों से खाना बनाकर खिलाती थीं। शादी के बाद जब भी मैं उनको दिल्ली बुलाता था तो वे बहुत ही ख़ुशी से आती थीं और हम सबके साथ बहुत ख़ुश रहती थीं। मैं माँ के समान उनकी जो भी ख़िदमत कर सकता था, करता था। उनको मेरे ऊपर बहुत भरोसा था और बहुत नाज़ करती थीं।

मेरी माँ का इंतेक़ाल 16 अप्रैल, 2021 को हो जाने के बाद जब उनको पता चला तो बहुत दुःखी हुईं और अपने आँसुओं से ज़ाहिर किया कि उनको इस ख़बर को सुनकर बहुत

दुःख हुआ, क्योंकि वे बोल नहीं पाती थीं, सिर्फ़ महसूस करके अपने भाव व्यक्त करती थीं। उन्होंने बड़े ही प्यार से मेरे सिर पर हाथ फेरा था, उस वक़्त मैंने अपनी माँ के हाथ का अहसास किया था और मेरी भी आँखें उनको इस हालत में देखकर भर आई थीं। मैं भी अपने आँसुओं को नहीं रोक सका, क्योंकि मैं उनमें अपनी फूफी सास और माँ दोनों का ही प्यार महसूस कर रहा था। मैंने कई मर्तबा कोशिश की कि उन्हें दिल्ली ले आऊँ और यहाँ पर किसी अच्छे डॉक्टर से इलाज करवा दूँ, लेकिन वे आने की हालत में नहीं थीं। उनके इंतेक़ाल की ख़बर सुनकर मैं बहुत दुःखी हुआ और तत्काल फ़्लाइट से मैं और मेरा बेटा वहाँ पहुँच गए और उनका आख़िरी दीदार किया। ऐसा लग रहा था, मानो वे बहुत सुकून से सो रही हैं और उनके चेहरे पर बहुत नूर था। आज भी उनकी और मेरी माँ की याद मुझे हमेशा परेशान करती है कि अब उन लोगों का साया और उनकी दुआएँ हमारे ऊपर नहीं हैं, लेकिन मैं अपनी ज़िंदगी में उनका अहसास और दुआएँ हर वक़्त महसूस करता हूँ और उम्मीद करता हूँ कि हमेशा उनकी दुआओं का साया हमारे ऊपर रहेगा।

—अब्दुल वाहिद अंसारी

मेरी नानी सबसे न्यारी

मेरी नानी माँ बहुत ही सुंदर और सौम्य महिला थीं। उनके चेहरे पर चमक और शीतलता झलकती रहती थी। बुज़ुर्गों में सबसे ज़्यादा प्यार मैं उन्हीं से करती थी। जब मैं जाती थी, मेरी नानी माँ सबसे पहले मुझे अपने पास बिठाकर प्यार करती थीं। मम्मी उनकी गुड़िया थीं और मैं उनकी गुड़िया की गुड़िया! तो वे मुझे बहुत प्यार-दुलार करती थीं। मेरे दिल में उनके प्रति बहुत इज़्ज़त है, क्योंकि वे बहुत ही नेक थीं और मेरी नानी माँ बहुत साफ दिल की थीं। एक कारण यह भी है कि वे मेरी माँ की माँ थीं तो मैं उनका बहुत सम्मान करती हूँ। जब नानी बीमार थीं, मैं भी मम्मी के साथ दोनों बार नानी माँ को देखने गई थी। मेरा गाना नानी को बहुत अच्छा लगता था तो मैं उनको ख़ूब सारे गाने सुनाया करती थी और वे बहुत ख़ुश होती थीं। नानी हमेशा मेरे दिल में रहेंगी। मैं दुआ करती हूँ कि मेरी नानी को जन्नत मिले। आमीन!

नानी के बग़ैर, नानी का घर लगता है बिल्कुल सूना।
नानी की गोद नहीं है, अब नानी का प्यार-दुलार नहीं है।
नानी के मनुहार बिना, ननिहाल लगे मुझे ख़ाली सा।
नानी का ख़ाली बिस्तर, हम सबको चुभा रहा नश्तर।
मम्मी की आप जान हैं, और मम्मी आपकी जान थीं।
प्यारी नानी, दुलारी नानी, ऐसे हमसे दूर जाओ ना।

—आर्शी अंसारी

आभार

जब आप कोई नया काम करते हैं और लोग आपको प्रोत्साहित करते हैं तो सच में बहुत प्रसन्नता होती हैं। ऐसे में सबसे पहले आपका निरीक्षण करनेवाले आपके परिवार के सदस्य होते हैं। मैं जो भी लिखती थी, कुछ-कुछ भाग सबको सुनाती थी और सबको अच्छा लगता था। सभी बहुत सराहना करते थे। मेरे पति और मेरे दोनों बच्चों ने मेरा बहुत हौसला बढ़ाया। मैं हमेशा अपने परिवार की बहुत आभारी रहूँगी, जो हर समय मेरे कार्य में मुझे सहजता व सहायता प्रदान करते रहते हैं और सदैव मुझे प्रोत्साहित करते रहते हैं। 'माँ' पुस्तक मेरी अंतरात्मा की धुरी है और मेरी इस पुस्तक को सभी ने बहुत पसंद किया है। मेरे साथ मेरे काम को सुगम और सरल बनाने के लिए मेरे पति की मैं बहुत-बहुत आभारी हूँ। मैं मेरे सभी पाठकों की भी अत्यधिक आभारी हूँ, जिन्होंने मेरी पुस्तक को पढ़ा और पसंद किया। 'माँ' पुस्तक मेरे ह्दय की वेदना है, मेरे ह्दय की करुणा है तथा मेरी भावनाओं की वह गहराई है, जिसे मैंने इस पुस्तक में समंदर के पानी की तरह बहाया है। आप सब इसी तरह मेरी पुस्तक को पढ़ते रहिए और अपना ढेर सारा प्यार

और आशीर्वाद देते रहिए, ताकि मैं आगे भी लेखन के मार्ग पर चलती रहूँ और आप सबको अपने लेखन से प्रसन्न करती रहूँ। मेरी दूसरी पुस्तक भी सबके समक्ष प्रकाशित हो चुकी है, जिसका नाम 'लफ़्ज़ों का संगम' है और यह पुस्तक मेरे द्वारा लिखी गई पूर्ण रूप से एक काव्य-संग्रह है। मेरी लिखी कविताओं की लोगों ने बहुत सराहना की। मेरी कविताओं ने सबके हृदय में अपनी एक जगह बनाई, जिससे मुझे अपार प्रसन्नता हुई और मैं हृदय से आप सब पाठकों की आभारी हूँ।

माँ

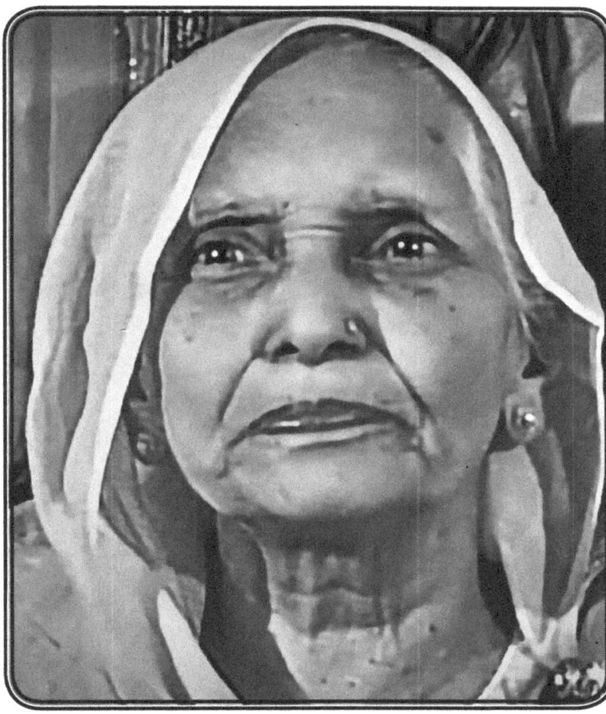

माँ की गोद मुझे पालने का झूला लगे,
माँ के आँचल में ज़िंदगी ख़ूबसूरत लगे।
माँ का वजूद मुझे रब का अहसास लगे,
माँ की महक मुझे जन्नत की ख़ुशबू लगे।

माँ के साथ मैं 20 साल रही, फिर मेरी शादी हो गई। जैसे सब बड़े होते हैं, वैसे मैं भी बड़ी हो गई। मैं तीन भाई और चार बहनों में सबसे छोटी थी तो सबकी दुलारी थी और सब मुझे प्यार से गुड़िया बुलाते थे। शादी हो गई और मैं इस घर से दूसरे घर आ गई। वक़्त बीतता गया, मेरे दो बच्चे हो गए। वक़्त कब बीत गया, पता ही नहीं चला।

आपकी यादों का एक पन्ना रोज़ पलटती हूँ।
हर पन्ने पर आपकी नई कारीगरी देखती हूँ।
महसूस कर आपको, वहीं बसना चाहती हूँ।
आपके साथ बिताए पल को फिर से जीती हूँ।
एक-एक पन्ने पर आपको ठहरी हुई पाती हूँ।
आपकी ममता का अंदाज़-ए-बयाँ चाहती हूँ।
आपकी अतरंगी-सी छवि अवाक् निहारती हूँ।
हर पन्ने पर आपकी शख़्सियत को पहचानती हूँ।

अब मैं 45 साल की हूँ। जब 25 साल पहले मेरी शादी हुई थी तो उस वक़्त हमारे पास मोबाइल फोन नहीं हुआ करते थे, इसलिए माँ से कभी बात नहीं होती थी। मिलना भी साल में एक या दो बार होता था, वो भी कभी 3-4 दिन के लिए ही साथ रह पाते थे। पापा जल्दी ही मेरी शादी के क़रीब साढ़े

छह साल बाद ही इस दुनिया से चले गए। पापा के जाने से हम सब बहुत दुःखी हुए। बच्चे मेरे छोटे थे, उनकी परवरिश में वक़्त कब बीत गया, पता नहीं चला। पापा की याद आती थी, बहुत याद आती है, पर यही ज़िंदगी है, जो सबके साथ है, आज है, कल नहीं।

माँ–बाप एक वरदान हैं।
खुशियों का जहान हैं।
हम सब के दरमियान हैं।
बुलंद हमारी तक़दीर है।
उनकी छाँव का असर है।
तो मुसकान की लहर है।
माँ परियों की रानी हैं।
पापा हमारे बाग़बान हैं।

मेरे पापा बहुत ही सीधे–सादे इनसान थे। हम सब बच्चों को बहुत प्यार करते थे। मैं छोटी थी, क़रीब 4–5 साल की रही हूँगी, पापा रोज़ शाम को बाज़ार जाते थे और मैं उनकी उँगली पकड़कर उनके साथ जाती थी। वहाँ चाय की दुकान पर रोज़ मुझे कुल्हड़वाली चाय और बिस्किट खिलाते थे।

पापा की मुसकान थीं माँ,
माँ की हँसी के ताज थे पापा।
दोनों की प्यारी दुनिया में,
मैं भी साथ रहती थी।
मेरी बिटिया, मेरी बिटिया,
ऐसा दोनों कहते थे।
पापा पूरा जहान थे,
तो मेरी जान थीं माँ।

रमज़ान के दिनों में माँ मुझको काम करते देख बहुत ख़ुश होती थीं और कहती थीं, मेरी बेटी बहुत काम करती है, मेरा सारा काम सँभाल लिया है, उनकी आँखो की चमक, मेरे दिल में नूर भर जाती थी। उनकी ख़ुशी मेरे काम में और तेज़ी ला देती थी। माँ हँसती थीं तो मानो घर के आँगन का हर कोना ही हँसता था। माँ आप कितनी अच्छी हैं आप हम सब के अरमानो की बादशाह थीं और हमारे घर की तो आप महारानी थीं ।

मैंने पापा और माँ को ज़िंदगी में साथ देखा है, एक-दूसरे की ख़ुशी का एहतराम करते देखा हैं और एक दूसरे की परवाह करते देखा है। हर माँ का अपने घर पर राज होता है, मेरी माँ का भी मेरे घर में राज था। पापा-माँ का और माँ-पापा का, दोनों एक दूसरे का बहुत ख़्याल रखते

थे। एक-दूसरे की ख़ुशी और ज़रूरतों का बराबर ख़याल रखते थे। उनकी आपस की समझ-बूझ और संयम में बड़ी निपुणता थी। माँ के मुँह से एक बार निकलता था कि यह सामान चाहिए और पापा फटाफट उनका वह सामान लाकर हाज़िर कर देते थे। यही हाल माँ का भी था पापा ने किसी भी खाने की फरमाइश किया नहीं कि माँ बनाने में लग जाती थीं। माँ-पापा की बहुत ही अच्छी जोड़ी थी। माँ को गुस्सा ज़रा जल्दी आता था, पर पापा बिल्कुल शांत स्वभाव के थे। जब भी कभी माँ किसी वजह से गुस्सा होती थीं, पापा बस मुसकराते रहते थे और हम लोगों के पास आकर धीरे से कहते थे कोई बात नहीं अभी ग़ुस्से में है, कोई कुछ नहीं बोलेगा वह अभी शांत हो जाएँगी। मेरे पापा ऐसे सुलझे हुए और सरल व्यक्तित्व के इंसान थे।

एक दूसरे की पहचान आप दोनों से थी।
एक के बग़ैर दूसरे का कोई वजूद नहीं था।
भले ही एक का मिज़ाज गर्म, दूजे का ठंडा था।
पर दोनों साथ मिलकर पारस से चमकते थे।
सुबह से उठकर अपने-अपने कामों में लगते थे।
हर दिन हमारी सलामती की दुआ ख़ूब करते थे।
दिल दरिया, सोच दयालु, ऐसा किरदार उनका था।
जीवनसाथी के रूप में उनकी जोड़ी पाकीज़ा थी।

पापा, माँ को बहुत मानते थे। एक दिन पापा, माँ और मैं, हम तीनों बैठे थे। पापा ने कहा कि मेरी बिटिया मुझ पर गई है, कहने का मतलब था, मेरे जैसे नैन-नक्श पाए हैं और मेरे जैसी है। माँ ने कहा कि नहीं! मेरी बिटिया मेरे जैसी है और मुझ पर गई है तो पापा ने कहा कि नहीं, नैन-नक्श मेरे हैं, रंग तुम्हारा है। मेरी माँ गोरी थीं और पापा का रंग गेहुआँ था। मैं सबसे छोटी थी तो मुझसे कोई काम नहीं करवाता था। मेरी बहन कभी कहती थीं कि इसे तो कोई कुछ कहता नहीं, सब मुझसे ही काम करने को कहते हैं, तो पापा गाकर बोलते थे, वह सब बहनों से है छोटी, इसलिए नूर-ए-नज़र (आँखों की चमक) है सबकी। पापा इतना प्यार से गाते थे कि सब चुप हो जाते थे, उन्हें और कुछ बोलने की ज़रूरत ही नहीं होती थी। ये माँ-पापा के साथ मेरी छोटी-छोटी यादें हैं, जो हमेशा मन के कोने को गुदगुदाती हैं और कभी कभी रुलाती भी हैं। यह दोनों मेरी ज़िंदगी की वह धरोहर हैं जिनकी पहचान मेरे वजूद में है, उनके संस्कार मेरे व्यवहार में है, उनकी यादें मेरी हर यादों में बसी हैं, उनकी सीख मेरे किरदार में हैं, उनके आदर्श मेरी प्रेरणा है और मैं उन्हीं के पदचिन्हों पर चलना चाहती हूँ।

आओ बचपन की उन गलियों में झाँककर देखें,
जहाँ ख़ुशियाँ–ही–ख़ुशियाँ थीं हर तरफ,
न कोई ग़म था, न कोई फिकर थी,
माँ–बाप की गोद में बैठे कहानी हज़ार बुनते,
चलो आज फिर उन मीठी यादों के झुरमुट में बैठें,
आओ साथ मिलकर कुछ यादों का बसेरा देखें।

हर ख़ुशी दोगुनी हो जाती है, जब माँ को बता देते थे, हर परेशानी दूर हो जाती थी, जब माँ से कह देते थे और पकवान का स्वाद तभी आता था, जब माँ खा लेती थीं। कोई नया सूट नहीं, कोई श्रृंगार नहीं, माँ फिर भी हर दिन उतनी ही ख़ूबसूरत लगती थीं। उनके नूरानी चेहरे की चमक से घर रोशन रहता था। मैं कितना भी लिखूँ, एक माँ की शख़्सियत का पलड़ा इतनी भारी होता है कि हम बच्चे कभी उनके ऊँचे मक़ाम का अंदाज़ा नहीं लगा सकते। माँ कभी तो कहतीं, मैं थक गई हूँ, कभी तो हमसे बेज़ार होतीं, लेकिन नहीं, कभी नहीं। वे कब बीमार हुईं और कब ठीक हुईं, किसी को पता नहीं लगने देती थीं। अपनी किसी परेशानी से बच्चों को परेशान होते देखना नहीं चाहतीं। आपको भी तो बुखार हुआ होगा? आपका भी हाथ–पैर दर्द हुआ होगा? पर आप कभी ज़ाहिर नहीं करती थीं।

पापा के गुज़र जाने के बाद माँ बहुत अकेली हो गई थीं, पापा को गुज़रे 17 साल हो गए। 10 सालों में माँ कभी–कभी

कहती थीं कि ज़िंदगी में बहुत अकेलापन है, फिर भी जब तक ज़िंदगी है, सबको बितानी ही है। कभी-कभी हमारे पास आती थीं, महीने भर रहती थीं और बहुत ख़ुश होती थीं। माँ पिछले छह सालों में दो बार बहुत ज़्यादा बीमार हुईं। एक बार कूल्हे की हड्डी भी टूट गई, इस वजह से चलने में बहुत वक़्त लग गया, इसलिए इन छह सालों में वे मेरे पास नहीं आ पाई थीं। वे मेरे पास आने की बहुत ख़्वाहिशमंद थीं और मैं भी बहुत चाहती थी कि वे मेरे पास आएँ और कुछ वक़्त मेरे साथ भी गुज़ारें, लेकिन वे बीमारी की वजह से नहीं आ सकीं। अकसर अपनी बीमारियों की वजह से वे बहुत उदास व परेशान हो जाती थीं और कहती रहती थीं कि न जाने कितनी लंबी ज़िंदगी है, अब मैं बहुत ऊब गई हूँ। हम लोग उनको बहुत समझाते थे कि ऐसा मत कहिए, सब ठीक हो जाएगा। मेरी माँ बहुत ही मज़बूत महिला थीं, किसी से भी डरती नहीं थीं। जब हम बहुत छोटे थे, एक बार माँ ने साँप को भी मार दिया था। माँ को अगर मैं गुणों की खान कहूँ तो यही सच है। बहुत ही अच्छा खाना बनाती थीं, 100 लोगों का खाना तो अकेले ही बना लेती थीं। कोई भी त्योहार हो, उनके हाथ का खाना आज भी बहुत याद आता है। मेरी माँ सिलाई, कढ़ाई, बुनाई हर चीज़ में माहिर थीं। बड़े-बड़े होटलों में खाना खाया, बहुत घरों में खाया, बहुत शादियों में खाया, लेकिन कहीं भी वो माँ के हाथों वाला स्वाद नहीं मिला। माँ जैसा खाना कहीं भी नहीं मिलता।

आजकल भूखी रहती हूँ ज़रा,
आपके हाथ की लज़्ज़त चाहिए ज़रा,
एक मुद्दत से आपने कुछ खिलाया नहीं,
दो निवाले प्यार से खिला दो ज़रा,
अपने ममता भरे हाथ सर पर फेर दो ज़रा,
दो मीठे बोल कहवा-सी बोल दो ज़रा,
रोज़ मेरे ख़्वाब में आने का वादा करो,
इस मिलन से थोड़ा सब्र आए ज़रा।

मुझे झूला झूलने का बहुत शौक था और बचपन में मैं बहुत झूला झूलती थी। मेरे मायके में कपड़ों का व्यवसाय होता है। पापा की दुकान मेरे घर से क़रीब 5 मिनट का रास्ता था वहाँ पर खुली जगह थी और बहुत सारे नीम के पेड़ थे। उसी में पापा किसी से कहकर रस्सी से झूला डलवा देते थे और मैं कई-कई घंटे झूला झूलती रहती थी। एक दिन मैं ख़ूब ऊँचाई तक झूला झूल रही थी, न जाने कैसे, क्या हुआ कि मैं गिर गई और मेरे नाक से ख़ून बहने लगा था। किसी ने फटाफट जाकर यह ख़बर माँ को दे दिया, माँ भागी-भागी आईं और मुझे अपने साथ घर ले गईं। माँ और माँ की ममता, वाह मेरे रब, मैं बार-बार आपके सज़दे जाऊँ जो माँ जैसी अनमोल धरोहर हम सबको आपने दिया है।

माँ जो भी बनाए, उसे प्यार से खा लो, हर किसी को माँ के हाथ का खाना नसीब नहीं होता। माँ को हर रिश्ते को जीते हुए देखा है, एक अच्छी पत्नी, एक अच्छी बेटी, एक अच्छी बहन, एक अच्छी माँ और एक अच्छी भाभी भी थीं। मेरी पाँच बुआ थीं और माँ का उन सबसे बहुत अच्छा रिश्ता था। ननद-भाभी बिल्कुल सहेलियों की तरह रहती थीं। घर में ग़र शादी हो तो बुआ एक महीने पहले ही आ जाती थीं और माँ के सारे कामों में हाथ बँटाती थीं। माँ की ख़ूबियों के बारे में जितना लिखूँ, कम है, लिखती जाऊँगी और लाइन कभी ख़त्म नहीं होगी।

ऐसी ही हैं दुनिया में माँ सबसे सुंदर।
इतनी नायाब लगे चाँद-सी सूरत।
कोई और नहीं जहाँ में जैसे उनकी सीरत।
उनकी जगह का कोई दूसरा दयार नहीं।
उनका तो अहसास भी किसी में नहीं।
इतनी शीतल, इतनी मीठी, लगें अमृत की जैसी।
जब वह हँसती हैं तो पूरे घर में नूरानी रंगत।
ऐसी ही हैं दुनिया में माँ सबसे सुंदर।

माँ जो हमेशा हमें यह सीख देती रहती हैं, यह सीख लो, वह सीख लो, कल को दूसरे घर जाना है, वहाँ कोई काम तरीक़े से नहीं कर पाओगी तो सास दो बात सुना देंगी। उनकी सीख, उनका डाँटना हम सबकुछ समेटे रहते हैं। हमें कितना भी कुछ कह देती थीं और फिर प्यार से समझाती थीं। एक दिन अपने कलेजे के टुकड़े को अपने से दूर भेज देती हैं। मजबूरी है, क्योंकि दुनिया का यही रिवाज है। वे हमें अपने से कितना भी दूर कर दें, लेकिन उनके दिल की राहों से हम कभी अलग नहीं हो पाते। हमारे हर सुख-दुःख की ख़बर वे पल-पल रखती हैं, ऐसी ही होती हैं, अपने दिल के घरों में हमेशा बेटियों को बसाए रखती हैं। उनके ग़म से माँ का मन तड़प जाता है, सिहर जाता है। बेटियाँ कब आएँगी अपने मायके, यही सोचती रहती हैं।

बेटियों का इंतज़ार करती हैं माँ।
बेटियों की ख़ुशियाँ देखना चाहती हैं माँ।
टकटकी बाँध दरवाज़े को निहारती हैं माँ।
एक पल बेटियों को भूलती नहीं हैं माँ।
सुख-संदेश पाकर सुकून पाती हैं माँ।
बेटियों को दु:खी नहीं देख पाती हैं माँ।
बेटियों की निगहबान होती हैं माँ।
हर पल बेटियों से जुड़ी रहती हैं माँ।

जो कुछ सीखा है मैंने, माँ से ही सीखा है। मेरी माँ बहुत ही साफ दिल की महिला थीं। हमेशा सबका अच्छा सोचना, अच्छा करना और यही सीख उन्होंने मुझे भी दी है। माँ दिमाग़ की तेज़ और बहुत समझदार थीं। कब, कहाँ, क्या बोलना है, क्या करना है, यह उन्हें बहुत अच्छे से आता था। हर रिश्ते का मोल समझती थीं और उनको निभाती भी थीं।

आपकी साड़ी का पल्लू पकड़कर खेलती थी।
आपके पल्लू में ही बँधे पैसे फिर माँगती थी।
आपको आँखों से दूर नहीं करना चाहती थी।
आपके होंठों पर हमेशा मुसकान चाहती थी।
आपसे कभी बिछड़ना नहीं चाहती थी।
आपका आँचल कभी छोड़ना नहीं चाहती थी।
आपका साथ हमेशा के लिए चाहती थी।
आपके क़दमों में हमेशा रहना चाहती थी।

मेरी नानी का घर बहुत क़रीब, लगभग आधा किलोमीटर की दूरी पर था। माँ जब भी नानी के घर जाने को कहतीं तो हम बच्चे कहते कि मत जाओ, आपके बग़ैर घर में अच्छा नहीं लगता, फिर भी माँ का जाना तो बनता ही था, आख़िर उनका मायका जो था, लेकिन मैं उन्हें रात रुकने के लिए बिल्कुल मना करती थी तो वे रात नहीं रुकती थीं। सचमुच, दिन भर माँ घर में नहीं होती थीं तो वह घर मानो काटने को दौड़ता था। जब मैं छोटी थी, क़रीब 6 या 7 साल की रही हूँगी, मैं माँ की नानी के घर गई थी। माँ की नानी, यानी मेरी परनानी का घर। परनानी का घर एक गाँव में था, मैं, मेरी माँ, मौसी और नानी के साथ परनानी के घर पहुँची। परनानी के घर जाने के लिए काफी दूर पैदल भी चलना पड़ता था, उस वक़्त बस या कार उनके घर तक नहीं जाती थी। मेरी नानी का घर ही अच्छा था, बहुत पास था, हमारा जब मन हो, हम खेलते-कूदते पहुँच जाते थे। मैं छोटी थी तो माँ को छोड़ती नहीं थी, जहाँ माँ जाती थीं, मैं भी उनके साथ जाती थी। मुझे वहाँ अच्छा नहीं लग रहा था। सुबह नाश्ते में अंडा और पराँठा बनता था और दोपहर में रोज़ दूध, दही, रोटी, चावल, सब यही खाते थे, क्योंकि हम वहाँ मेहमान थे तो रोज़ रात को किसी-न-किसी के यहाँ हमारी दावत होती थी। सर्दी का मौसम था, हरी मटर ख़ूब मिलती थी। जिसके भी यहाँ खाने पर बुलाते, हरी मटर का निमोना ही बनता

था। वैसे मुझे निमोना पसंद है, पर रोज-रोज़ कैसे खाएँ और वो भी उनके बनाने का तरीका अलग था तो मुझे बिल्कुल अच्छा नहीं लगता था। मेरे बाल मन को यही एक चीज़ बिल्कुल पसंद नहीं आ रही थी, खाने का सिलसिला हर दिन एक-सा था। बस मुझे वहाँ एक ही चीज़ अच्छी लगती थी, झूला झूलना। परनानी के पोते थे, उन्होंने नीम के पेड़ पर एक झूला डाल दिया और मुझे ख़ूब झुलाते थे। मुझे झूला झूलना बहुत पसंद था और सारा दिन मैं झूला झूलती रहती थी। हम तीन-चार दिन वहाँ रुके थे और फिर वापस आ गए। रिश्ता माँ-बेटी का ऐसा होता है, अगर माँ उदास होती हैं तो बेटियाँ भी उदास हो जाती हैं। माँ किसी भी बात से ज़रा भी परेशान होती हैं तो बेटियाँ बहुत ज़्यादा परेशान हो जाती हैं। माँ की ख़ुशियाँ, माँ के ग़म, सबमें बेटियाँ शामिल रहती हैं। वे माँ से इस क़दर जुड़ी होती हैं कि उनके किसी भी अहसास से अलग नहीं हो पाती हैं।

तारों में सबसे चमकता सितारा हैं आप।
मुरझाई-सी ज़िंदगी की रोशनी हैं आप,
मुझे पता है आप यहाँ नहीं है फिर भी,
आपका साथ हर पल महसूस करती हूँ,
फासला हमारे बीच, ज़मीं व आसमाँ का है,
मेरे दिल के हर पोर में रहती हैं आप।

माँ–बेटी का रिश्ता एक मज़बूत, गहरा, बहुत ही जुड़ाव भरा और परिपक्व रिश्ता होता है। एक बेटी माँ के दर्द को, दुःखों को कभी भूल नहीं पाती। सबकुछ बर्दाश्त कर लेगी, पर माँ के दर्द को, माँ की परेशानियों को कभी भूल नहीं पाती। बहुत–कुछ करना चाहती है, पर सबकुछ नहीं कर पाती, पर जितना भी कर सकती है, करती है।

जब बागों में फूल खिलें तो समझो माँ मुसकाई हैं।
जब पंछी कोलाहल करें तो समझो माँ मुसकाई हैं।
समंदर की लहरें जब ख़ुश होकर पूरे उफान पर हों,
गरमी की तपिश में जब रिमझिम बरसात हो,
काले बादल में जब धूप खिले तो समझो माँ मुसकाई हैं।
अपने घर के दरवाज़े से फ़क़ीर दुआ देकर जाए,
किसी ज़रूरतमंद की मदद से मन तर जाए,
नेकी से आँख भर आए तो समझो माँ मुसकाई हैं।

हम चार बहनें हैं, सबकी शादी हो गई थी और मैं सबसे छोटी थी तो मैं अकेली माँ के साथ बहुत सारी बातें करती थी। उस ज़माने में भी मेरा रिश्ता माँ के साथ सहेलियों जैसा था। माँ की एक पेटी (बॉक्स) थी, जिसमें माँ अपने कपड़े, पैसे और गहने रखती थीं। कभी–कभी माँ अपनी पेटी खोलती थीं, सबकुछ देखतीं और ठीक करती

थीं। पुरानी चीज़ें देखकर वे बहुत ख़ुश होती थीं और मुझे भी उनकी पुरानी चीज़ों को देखकर बहुत अच्छा लगता था और मैं बड़े ही चाव से देखती थी। ऐसी कोई बहुत ही आकर्षक चीज़ नहीं होती थी, लेकिन उस समय माँ की पेटी (बॉक्स) का सामान मेरे लिए आकर्षण का केंद्र होता था।

ज़िंदगी की पहली शिक्षक माँ।
ज़िंदगी की पहली दोस्त भी माँ।
हमें हर काम सिखानेवाली माँ।
हमें हर दर्द से लड़ना सिखानेवाली माँ।
क़दम लड़खड़ाए तो, सँभालनेवाली माँ।
ग़लती पर सही राह दिखानेवाली माँ।
ज़िंदगी से हारे तो, हौसला देनेवाली माँ।
हर सुख में साथ, हर दुःख में साथ माँ।

कभी-कभी माँ जब नानी के घर जाती थीं, तब मैं माँ की साड़ी पहनती थी और पता नहीं क्यों माँ की साड़ी पहनकर एक अद्‌भुत ही ख़ुशी होती थी। मैं माँ की दुलारी बेटी थी। अगर हम लोगों को कहीं जाना होता था या किसी काम के लिए पूछना होता था तो मेरी बड़ी बहन हमेशा यही कहती थीं कि तुम पूछो, तुम्हें माँ नहीं डाँटेंगी और हम लोगों को डाँट देंगी, इसलिए मुझे ही आगे किया जाता था।

बचपन की दुनिया सबसे सुंदर,
भाई-बहन और सखियों के संग,
स्कूल जाते, होमवर्क करते,
उसके बाद सब खेलते ही रहते,
खाते-पीते सब मिल-बाँटकर,
नहीं किसी से कोई बैर मगर,
न दिन का पता, न रात का,
हर पल मौज-मस्ती का पहर,

अपने वक़्त में हमारी माँएँ कितनी मेहनत करती थीं। सुबह से लेकर शाम तक काम करती थीं, फिर भी हमेशा हर काम के लिए आगे रहती थीं। पहले के ज़माने में हर काम कितना कठिन होता था। खाना बनाना, काले बरतन रगड़-रगड़कर साफ करना, कपड़े धोना, सिलाई, बुनाई और न जाने कितने काम करती थीं, फिर भी हर वक़्त नए काम के लिए जुनून दिखता रहता था। मेरे मायके में बहुत मेहमान आते रहते थे, माँ तरह-तरह के खाने, पकवान बनाने में माहिर थीं और सबको बड़े मन से बनाकर खिलाती थीं। माँ कहती थीं कि जो भी करो, मन से करो तो वह काम कभी भारी नहीं लगेगा, बेमन से करोगे तो काम ख़राब होगा और चीज़ें भी, साथ में वक़्त ख़राब होगा, वह अलग। माँ एक बहुत ही आत्मविश्वासी महिला थीं और हों भी क्यों न, हर काम में बिल्कुल सधी हुई थीं। मैं सोच रही

थी, मेरी माँ को क्या नहीं आता था, ऐसा कुछ भी नहीं था, जो माँ को नहीं आता था, वो कहते हैं न सर्वगुण संपन्न, माँ ऐसी ही थीं।

घर में चारों तरफ माँ की ही छाया रहती है। चूल्हे पर खाना पकाती हुई माँ जब रोटियाँ बनाती थीं तो उस रोटी की भीनी-भीनी ख़ुश्बू पूरे घर में फैल जाती थी। बारिश के दिनों में जब माँ भुट्टा भूनती थीं तो उस भुट्टे की ख़ुश्बू से आज भी मेरा मन उसमें खो जाता है। माँ जब भी सिल-बट्टे पर मसाले पीसती थीं, उस मसाले की ख़ुश्बू जैसे आज भी कहीं आस-पास ही है। पापा गरमी के दिनों में बहुत बड़े-बड़े तरबूज लाते थे और माँ उनको बड़े से टब में 2 घंटे के लिए भिगा देती थीं, ताकि वह ठंडा हो जाए, क्योंकि उस ज़माने में घर में फ्रिज नहीं थी, जब मैं क़रीब 6 साल की थी। रात को खाने के बाद सभी एक साथ आँगन में बैठते थे और माँ सबको तरबूज़ का एक-एक फाँक (टुकड़ा) काटकर देती थीं। हम सभी भाई-बहन माँ से कहते थे, माँ मुझे सबसे बड़ा फाँक (टुकड़ा) देना। अब माँ कोई नापतोल का इंच टेप लेकर तो बैठी नहीं होती थीं, लेकिन फिर भी उनका नाप तो वैसे ही एकदम सही होता था, जिसको थोड़ा बड़ा फाँक (टुकड़ा) मिल जाता था, वह ख़ुश हो जाता था और एक-दूसरे को चिढ़ाते रहते थे कि माँ ने मुझे तुमसे बड़ा फाँक (टुकड़ा) दिया है। माँ के संग, बचपन के रंग हज़ारों ख़ुशियों में सराबोर रहते हैं। माँ की पायल की

आवाज़, माँ की चूड़ियों की ख़नक, मन को आनंदित करती थी। घर में फूफी, मौसी और उनकी बेटियों का आना, घर में रौनक़ भर देता था। माँ के हाथ के बने स्वादिष्ट पकवान और खाना खाकर सभी उनके खाने पर मोहित हो जाते थे। माँ सभी की पसंद की चीज़ें बारी-बारी से बनाती रहती थीं और जब सारे कामों से फुरसत पाती थीं तब फूफी और माँ बैठकर सिलाई-कढ़ाई और कभी दुपट्टे को गोटे पट्टी से सजाती थीं। माँ की दिनचर्या में माँ पूरी तरह व्यस्त रहती थीं। उनको ख़ाली बैठना पसंद ही नहीं था और हमेशा कुछ न कुछ नया करती रहती थीं।

उनकी कलाकृतियाँ, उनकी मनोवृत्तियाँ,
दोनों की घर में एक अमिट छाप थी,
जो भी करतीं, उसे मुक़म्मल करतीं,
अधूरा कुछ भी छोड़ना उन्हें नहीं था भाता,
अपनी कारीगरी से घर को भी सजातीं,
हर कोने को चमकाकर सुशोभित करतीं,
फूफी के संग, सखियों सी चहकतीं,
अपनी गुणवत्ता से बनातीं कई कृतियाँ।

मेरे पापा के बहुत सारे खेत थे। जब हम छोटे थे, माँ हम सारे भाई-बहनों को खेत दिखाने ले जाती थीं। हम सब हरे-भरे खेतों को देखकर बहुत ख़ुश होते थे। एक बार याद है, हम लोग

हरी मटर को खेत से ही तोड़ते और वहीं बैठकर खाते थे, सच में क्या दिन थे, बहुत मज़ा आता था। मेरी फूफी जब भी बच्चों के साथ आती थीं तो माँ उन लोगों को भी खेत दिखाने ले जाती थीं। उन लोगों को भी इंतज़ार रहता था और बड़े ही उत्साहित रहते थे। वे पूछते रहते थे कि हम किस दिन खेतों में घूमने जाएँगे। वे सब लहलहाते खेतों को देखकर बहुत ही आकर्षित होते थे और बहुत सारी तसवीरें खिंचवाते थे। पहले के ज़माने में ज़्यादातर लोग कहीं घूमने नहीं जाते थे, बस ऐसी ही छोटी-छोटी चीज़ों में ख़ुशियाँ ढूँढ़ लेते थे।

बच्चो! जब बड़े हो जाओ तो उनको अकेलेपन का अहसास मत होने दो। कहीं दूर चले जाओ पढ़ाई के लिए, नौकरी के लिए, पर माँ को अनदेखा होने का अहसास मत कराओ। वक़्त-वक़्त पर फोन करते रहो, उनका हालचाल पूछ लो, बस इतने से ही ख़ुश हो जाती हैं। मैं माँ भी हूँ, मैं बेटी भी हूँ, इसलिए दोनों का महत्त्व बहुत अच्छे से समझती हूँ। एक बेटी हमेशा अपनी माँ का साथ चाहती है। हर क़दम पर माँ के विचारों के विश्वास को लेकर चलती रहना चाहती है। जब कुछ समझ में नहीं आता, बस यही सोचती है कि माँ से पूछती हूँ और फोन लगा देती है। माँ के बिना ऐसा लगता है, रंगीनियाँ हैं, पर उसमें जो रंग हैं, वे खुलकर नहीं निखर रहे हैं; ख़ुशियाँ हैं, पर उसमें जो ख़ुश होने के लिए जज़्बात होते थे, वे कहीं खो गए हैं। त्योहार हैं, पर फीके

हो गए हैं, भले ही हम साथ नहीं होते थे, पर बात तो होती थी, माँ के होने का मयार तो था, माँ के होने का सुकून तो था। खाने में कुछ बनाना है तो माँ से पूछ लेती थी कि हाँ माँ, ये कैसे बनेगा और फटाफट बना लेती थी। बचपन से जो माँ ने बनाकर खिलाया, वही अच्छा लगता है। उनकी बनाई हुई चीज़ों को हम ठीक वैसा ही बनाते हैं, पूरी कोशिश करके अच्छे से तैयार करते हैं, स्वाद तो होता है, पर माँ के हाथवाला जो स्वाद होता था, वह अनछुआ रह ही जाता है। उनके खाने की वह ख़ुश्बू, मेरे खाने में मंदी कर ही जाती है।

मुझे मेरी ग़लतियों पर डाँटतीं माँ,
सीधी राह अपनाने को कहतीं माँ,
आँसुओं को मुसकान में बदलतीं माँ,
हमें हर चीज़ में माहिर बनातीं माँ,
हारे हुए हौसले में जुनून भरतीं माँ,
अपने हर दर्द को हमसे छुपातीं माँ,
कभी-कभी भूखे पेट सो जातीं माँ,
हर क़दम पर मिलती मुसकातीं माँ।

पहले की हर चीज़ शुद्ध होती थी, अगर बनानेवाला माहिर है तो खाना बहुत लज़ीज़ (स्वादिष्ट) होता था। पहले वह लकड़ी के चूल्हे के खाने की तो बात ही निराली थी। माँ और माँ की

बनाई हर चीज़ सबसे अच्छी, सबसे सुंदर होती थी। बचपन की छोटी-छोटी भूख माँ को ही मिटानी आती थी। किसी भी समय भूख लग जाती, हम खेलते-कूदते जो रहते थे। यह कहना, माँ, भूख लगी है, कुछ नहीं है तो मीठा पराँठा बनाकर देती थीं या फिर रोटी पर घी और चीनी लगाकर लपेटकर दे देती थीं और कभी-कभी हम सबको नमक डालकर आटे की चिड़िया बनाकर घी लगाकर देती थीं, बचपन की वह भूख उन स्वादों में खो जाती थी और उछलते-कूदते अपनी मस्ती में डूब जाती थी।

कमाल होती हैं माँ हमारी, भोर की उठी होतीं,
जब तक नींद न बुलाए एक पल को आराम नहीं करतीं,
सुबह से शाम तक काम-ही-काम, एक पल को सुस्त नहीं होतीं,
थकान की एक बूँद माथे पर आने नहीं देतीं,
कमाल होती हैं माँ हमारी, हर थपेड़े को मात देतीं।
कम को बराबर बाँटना, यह उन्हीं को है आता,
सबको समझाकर बहलाना, यह ख़ूबी उन्हीं में है होती,
कमाल होती हैं माँ हमारी, अपने लिए जीना नहीं जानतीं।

उस ज़माने में लकड़ी के चूल्हे पर खाना बनता था। माँ के हाथ के बने खाने की बात ही निराली थी। जो भी बनाती थीं, पूरे घर में ख़ुशबू फैल जाती थी और हम सबकी भूख और बढ़ जाती थी। माँ बताती थीं कि जब वे गुझिया बनाती

थीं तो मेरे बड़े भाई जब छोटे थे तो उनके साथ गुझिया बनाते थे, भाई को मीठा बहुत पसंद था। जैसे-जैसे गुझिया तैयार होती जाती थी, भाई खाते जाते, 4-5 गुझिया खा जाते और कहते कि मैंने तो अभी सिर्फ चखी है। माँ यह बात बताते हुए बहुत हँसती थीं।

बचपन की मीठी यादें मैंने समेटी हुई हैं,
हर यादों से अपना रिश्ता बनाया हुआ है।
आप जाओगी कहीं भी कितनी भी दूर माँ,
हम बच्चों के दिल से कभी दूर नहीं हो पाओगी।
कभी देखा है तुम्हारे हर ग़म को पहचानने वाली,
कोई और नहीं इस जहाँ में, जैसी हमारी माँ हैं।

माँ क्या हैं? मेरे ख़ुदा ने माँ को क्या सोचकर बनाया होगा, यही कि एक नन्ही जान को अपने अंदर नौ महीने रखकर अपने खून से सींचकर एक नवनिर्माण बच्चे का आकार विकसित करेंगी। यह ख़ुशक़िस्मती (सौभाग्य) एक औरत के ही नसीब में देनी थी तो यही सोचकर उन्होंने माँ जैसी शख़्सियत बनाई है। माँ शक्तिशाली, सब्र वाली, निगहबान, बलिदानी और उतनी ही कोमल और दयालु, किन-किन ख़ूबियों को उन्होंने माँ के अंदर विकसित किया है। एक नवजात बच्चे को दिन-रात एक करके अपनी

सुध खोकर सिर्फ़ उनका ख़याल रखती हैं और हर पहर उनका ध्यान अपने बच्चे के ऊपर ही निहित होता है। बच्चे को पाल-पोसकर बड़ा करती हैं। कई बार थकती हैं, पर थकान के अहसास को परे कर देती हैं। अपने बच्चे की एक मुसकराहट पर सौ-सौ बार निहाल होती हैं।

वह जो ख़ुद कोहिनूर हैं घर की।
जिनकी चमक से रोशन जहाँ हमारा।
जिनके नूर से घर का आलम जन्नत जैसा।
जिनकी ख़ुशबू से महके घर का हर कोना।
उनको अपनी बुलंदी का कोई नाज़ नहीं।
अपने हुनर का कभी कोई गुमान नहीं।
उनके दम से गुलज़ार दुनिया सारी।
वे एक दुआ हैं हमारी बुलंद तक़दीर की।

16 मार्च, 2021 को माँ को पैरालिसिस का अटैक आया था, जिसका असर उनके गले और हल्का सा दिमाग़ पर पड़ा था और माँ की आवाज़ चली गई थी। माँ खाना भी नहीं खा पा रही थीं, सिर्फ तरल (लिक्विड) चीज़ें ही उनके अंदर जा रही थीं। माँ एक हफ्ते हॉस्पिटल में थीं। डॉक्टर ने कहा कि आवाज़ आने में और पूरी तरह ठीक होने में समय लगेगा। माँ की ऐसी हालत सुनकर हम माँ को

देखने गए थे और उसी दिन अस्पताल से छुट्टी हो गई। मेरे और भी भाई-बहन माँ को लेकर घर आ गए। मैं मायके में माँ के पास 15 दिन रही, जितनी सेवा मैं कर सकती थी, कर रही थी, मेरी माँ बिल्कुल बच्ची-सी हो गई थीं। ऐसा लग रहा था, अब मैं माँ हूँ और ये मेरी बच्ची हैं। बोल नहीं पाती थीं। कभी-कभी हमारी बातों का जवाब हाँ और नहीं में देती थीं। मैं और मेरी बहन, जो मुझसे बड़ी हैं, हम साथ ही गए थे, हमने माँ को बहुत प्यार दिया और माँ की बहुत ख़िदमत (सेवा) की। लेकिन हमें भी आना ही था, हम भी कितने दिन रह सकते थे। क़रीब दो महीने बाद माँ की तबीयत फिर बहुत ख़राब हुई और हम दोनों बहनें फिर भागकर गईं और माँ के पास एक हफ्ते रहकर आईं और उनकी ख़ूब सेवा की।

इस बार आप मेरी माँ बनकर मत आना इस दुनिया में,
ख़ुदा से कहूँगी इस बार मुझे आपकी माँ बनाकर भेजें,
एक मौक़ा चाहती हूँ आपकी सेवा कर सकूँ,
मैं माँ बनूँ आप बेटी बनें, बस स्वार्थ है मेरा,
ऐसा नहीं है कि कोई तुलना है आपसे हमारी,
बस थोड़ी सी आपके प्यार की दक्षिणा देना चाहती हूँ,
जैसे आप मेरे आगे-पीछे घूमती थीं निस्स्वार्थ,
मैं भी थोड़ा सा वह पल आपके साथ जीना चाहती हूँ।

जब हम आने लगते तो वे बहुत रोती थीं और हम बेबस, मजबूर, लाचार-से उन्हें छोड़कर रोते हुए चले आते थे। माँ अपने सुख, दुःख हमसे बाँटती थीं और हम बेटियाँ माँ से अपना सबकुछ कह लेती थीं। कई बार सोचा कि मैं माँ को अपने पास ले आऊँ, मैं बेटी हूँ तो क्या, मेरा भी पूरा हक़ है कि मैं अपनी माँ का ख़याल रखूँ, लेकिन माँ की हालत ऐसी थी कि माँ बहुत ही कमज़ोर होती जा रही थीं। दूर का सफर था, मैं दिल्ली में रहती हूँ और मेरा मायका यूपी में था। वहाँ पर उनका इलाज चल रहा था, माँ को दवा के साथ-साथ बहुत प्यार और देखभाल की ज़रूरत थी और एक बेटी से ज़्यादा प्यार और देखभाल कौन कर सकता है। माँ और बेटी के अटूट रिश्ते की गहराई एक माँ और बेटी ही जानते हैं।

माँ जब हँसती थीं तो सारा घर खनकता था। जिस दिन वे रो देती थीं, घर की सारी दीवारें हिलती-सी महसूस होती थीं। आपके वजूद का असर इतना ख़ूबसूरत, नेकसीरत होता है कि बच्चा अपनी पूरी दुनिया आपके आँचल में बसा लेता है। बेटियों! कभी अपनी माँ को अकेला नहीं छोड़ना, जहाँ उनको ज़रूरत है तुम्हारी, वह जगह कभी ख़ाली न रहने देना। तुम्हें भी वैसे ही पाला है, जैसे बेटे को पाला है, माँ ने वही प्यार, वही मेहनत, वही त्याग, वही बलिदान, सबको बड़ा करने में लगाया है। किसी का इतना भी संकोच न करना

कि माँ की ज़रूरतें हमसे महरूम रह जाएँ। एक माँ को कभी अकेले न होने देना, अकेलेपन का अहसास माँ को खोखला कर देता है, जीने की इच्छा, अनिच्छा में बदल जाती है। तुम बेटी हो और तुम्हारा पूरा दायित्व है कि अपनी जननी, अपनी पालनहार का हर तरह से ख़याल रखो, उनके लिए भी कुछ वक़्त निकालो, उनकी तीमारदारी (सेवा) का हक़ सबको है, इसलिए हमेशा अपने फ़र्ज़ निभाने के लिए हाज़िर रहो। तुम बेटी हो, माँ भी हो तो एक माँ की परेशानी तुमसे अच्छा कोई और नहीं समझ सकता।

माँ की नाउम्मीदी की रोशनी होती हैं बेटियाँ,
माँ के दर्द का मरहम होती हैं बेटियाँ,
सुकून के दामन का अहसास होती हैं बेटियाँ,
माँ के वजूद की परछाईं होती हैं बेटियाँ
अपनी माँ की सबसे अच्छी सहेली होती हैं बेटियाँ,
कभी बेटी, कभी माँ-सी, ममत्व से भरी होती हैं बेटियाँ।

माँ के अकेलेपन ने हम बेटियों को उनके बहुत क़रीब कर दिया था। माँ तो अपने सब बच्चों को प्यार करती हैं, लेकिन मैं सबसे छोटी थी तो उनके लिए सबसे ज़्यादा प्यारी थी और मेरे लिए तो वो मेरी एक पूरी दुनिया थीं। माँ को अटैक दिमाग़ पर था, पर थोड़ा था। माँ सबकुछ समझती

थीं, हमारी बातों पर हँसती थीं। आखिरी वक़्त तक माँ के समझने की शक्ति बनी हुई थी। इन पाँच महीनों में माँ बहुत बीमार थीं। हर पल एक नई चीज़ होती रहती थी और हमारे ऊपर दुःखों का पहाड़ गिरता रहता था। मैं हमेशा सोचती थी कि पापा के जाने का ग़म तो बर्दाश्त कर लिया, लेकिन जब माँ इस दुनिया से जाएँगी तो कैसे बर्दाश्त करूँगी? आपसे कभी बात नहीं हो पाएगी, यह सोचती हूँ तो दिल में एक हूक-सी उठती है। सबकुछ मिथ्या लगने लगता है। माँ, आपसे बात करने की इतनी आदत थी कि मैं बेचैन हो उठती हूँ, ऐसा लगता है कि कहीं से भी, कैसे भी, माँ! आपसे थोड़ी सी बात हो जाए। माँ, मैं आपकी आवाज़ सुनने को तरसती हूँ।

माँ से हर दर्द का, हर ख़ुशी का, हर सुख का, हर दुःख का बहुत ही गहरा रिश्ता था। कोई भी बात उनको बताए बिना चैन नहीं मिलता था। उनका भी यही हाल था, अपना हर दुःख, दर्द, ख़ुशी सबकुछ हम बेटियों से साझा करती थीं, फिर वह दिन आया, जब माँ हम सबको छोड़कर चली गईं।

1 सितंबर, 2021 को सुबह क़रीब 7:40 पर उन्होंने आखिरी साँस ली। एक दिन छोड़कर हम वीडियो कॉल करते थे। माँ बोल नहीं पाती थीं तो वीडियो कॉल के ज़रिए हम उन्हें देखते थे। उनके जाने से दो दिन पहले मैंने देखा

कि उनकी हालत बिल्कुल ठीक नहीं लग रही थी, इसलिए मैंने फिर से माँ के पास जाने की तैयारी की। मैं बुधवार की सुबह 6 बजे की ट्रेन में बैठ गई थी। उनको देखने जा रही थी। सोचा, 15 दिन रहकर आऊँगी, लेकिन ट्रेन में ही ख़बर मिल गई कि माँ इस दुनिया को हमेशा-हमेशा के लिए छोड़कर चली गईं। मैं और मेरी बेटी बस हम दोनों ही जा रहे थे, बेटे के कॉलेज में कुछ काम था तो मेरे पति को बेटे के साथ ही रुकना पड़ा। ट्रेन में इस ख़बर ने मुझे चीरकर रख दिया। हमेशा हम परिवार के साथ ही जाते थे, उस दिन मुझे ऐसा लगा, आज मुझे जिनकी सबसे ज़्यादा ज़रूरत थी, काश वे मेरे साथ होते, वे आना चाह रहे थे, पर मैंने ही मना किया कि बेटा अकेला रह जाएगा, आप रुक जाइए। उस समय मेरी हालत कैसी थी, मैं बता नहीं सकती, मन कर रहा था कि ख़ूब ज़ोर-ज़ोर से चिल्लाकर रोऊँ, लेकिन डर लग रहा था, मेरे साथ कोई नहीं है, गर तबीयत ख़राब हो गई तो बेटी कैसे सँभालेगी! पूरे रास्ते बस ज़ार-ज़ार मेरी आँखों से आँसू बह रहे थे, मेरी बेटी मुझे समझा रही थी और सँभाल भी रही थी। मैं सोच रही थी, जब मैं पहुँचूँगी तो कैसे उस मंज़र (दृश्य) को देखूँगी? कैसे मैं माँ को देखूँगी? कैसे मैं बर्दाश्त कर पाऊँगी? मेरे पैर कैसे आगे बढ़ेंगे? ऐ मेरे ख़ुदा, वहाँ पहुँचकर लगा, ज़मीन फट जाए और मैं उसमें समा जाऊँ।

मेरे पास आओ, कुछ सवाल पूछने हैं माँ,
मुझसे मिले बग़ैर क्यों चली गई थीं माँ?
मेरा इंतज़ार न किया, मुझसे नहीं की बात,
बस इसी बात से दिल बहुत परेशान है माँ!
एक चम्मच पानी जो मेरे हाथ से पी लेतीं,
मुझे भी थोड़ा क़रार आ जाता न माँ!
जो भी हुआ, ख़ुदा को था यही मंज़ूर,
अब वापस मेरे पास, लौट भी आओ न माँ!

माँ को देखकर ऐसा लग रहा था, जैसे वे सो रही हैं और अभी थोड़ी देर में जाग जाएँगी। मैंने सोचा, मैं बोलूँ कि माँ, उठ जाइए, देखिए आपकी गुड़िया आई है, लेकिन कह नहीं सकी, क्योंकि मुझे पता था कि माँ ऐसी नींद में चली गई हैं, जो कभी नहीं टूटती। माँ के चेहरे पर बहुत चमक थी। मैंने रोते-रोते उनके माथे पर बोसा (चूम) लिया। उस वक़्त अपने ख़ुदा पर भी गुस्सा आया कि एक दिन और रहने देते तो मैं माँ को और माँ मुझे देख लेतीं, हम दोनों को कुछ तसल्ली हो जाती। वो दर्द, वो तकलीफ़ मैं बयाँ नहीं कर सकती कि कितनी ज़्यादा थी, उनसे आखिरी समय न मिल पाने की तड़प मुझे अंदर तक झकझोर गई थी।

जब लेने माँ को फरिश्ते आ जाएँ,
ऐसा हो कि वक़्त रुक जाए (नाज़रीन)।
पेड़ों को बोलो, हवा को रोक लें,
नदियों से कहना कलरव न करें।
ऐ पंछियों चहचहाना बंद कर दो,
माँ की प्यारी नींद ख़राब न हो जाए।
ज़मीं थम जाए, आसमाँ रुक जाए,
मेरी माँ ताउम्र मेरे साथ रह जाएँ।

माँ चली गईं और दूसरे दिन ही ऐसा लग रहा था, मैं यहाँ से चली जाऊँ। घर बिल्कुल बेरौनक़ लग रहा था, हर तरफ़ माँ-ही-माँ दिखाई दे रही थीं, उनकी यादें हमें तड़पा रही थीं।

क़ब्र में आपको सब छोड़कर आए जिस रात,
सो नहीं पाई मैं, करवटें बदलती रही सारी रात।
मेरी माँ अकेली होंगी, कोई नहीं है साथ,
यही सोच मैं बेबस-सी, सोई नहीं कई रात।
सब्र किया, मन को समझाया, नहीं ऐसी कोई बात,
माँ की इबादत और नेक सीरतें हैं उनके साथ।
उनकी नमाज़ के नूर से रोशनी की होगी बरसात,
जन्नत की खुली होगी खिड़की, हर शहर हर शाम।

चार दिन रहकर मैं वापस आ गई। माँ अपनी बीमारी की हालत में साढ़े पाँच महीने इतने दर्द में थीं कि शायद ही ऐसा कोई दिन जाता था, जब मैं रोती नहीं थी और आज भी वही हाल है। जब मैं पुस्तक लिख रही थी तो माँ को गए ढाई महीने हो गए थे। घर आने के बाद रोती ही रही, हफ्ते, महीने बीते, लेकिन माँ की यादों ने मेरे आसपास यादों का घरौंदा बना रखा है। काश ऐसा होता, वे फिर से एक बार मेरे पास आ जातीं, मैं उनसे लिपट जाती, जैसे एक छोटा बच्चा अपनी माँ से लिपट जाता है, मैं भी उनकी गोद में छुप जाती।

जब रात के अँधेरे से डरी, छुप गई माँ की गोद में।
बहन-भाइयों से हुई अनबन, छुप गई माँ की गोद में।
हुआ जब तेज़ बुखार, बस छुप गई माँ की गोद में।
मन हुआ जब उदास बेइंतेहा, छुप गई माँ की गोद में।
माँ के बग़ैर कैसे रहूँगी ये सोच, छुप गई माँ की गोद में।
कभी रोई कभी हँसी हर हाल में, छुप गई माँ की गोद में।
तेज़ आँधी के थपेड़ों से डर के, छुप गई माँ की गोद में।
कभी ख़ुशी कभी ग़म में, छुप गई माँ की गोद में।

यह पुस्तक लिखने का विचार मुझे बस इसलिए आया कि मेरे अंतर्मन में बहुत ही द्वंद्व चल रहा था। काश! मैं माँ के लिए ये कर पाती, काश! मैं माँ के लिए वो कर पाती, काश!

मैं पहुँच पाती, उनके जाने से पहले कुछ और दिन उनके पास रह पाती। माँ पाँच महीने के अंदर कई बार बहुत ज़्यादा बीमार हुईं और फिर थोड़ा आराम हो जाता था। इस बार हुआ तो लगा, शायद इस बार भी आराम हो जाएगा, पर इस बार माँ ठीक नहीं हुईं। मैं समझ ही नहीं पाई कि मेरी माँ इस दुनिया में बस दो दिन की ही मेहमान और हैं। उनके जाने का दर्द इतना गहरा है कि मैं समझ नहीं पा रही हूँ कि ये दर्द कैसे कम करूँ ? फिर मैंने सोचा कि क्यों न इस पुस्तक के ज़रिए मैं अपने अंदर का दर्द निकालूँ। इससे शायद मेरी तक़लीफ़ कुछ कम हो जाए, यही सोचकर मैं लिखने बैठ गई।

आओ फिर से मुझे वो छाँव दे दो, अपने हाथों को मेरे सिर पर रख दो न माँ,
अकेले कहाँ तक चलूँगी मैं, थक जाऊँगी गर आप साथ न होंगी माँ !
मेरी उँगली जो आप थाम लें, मुश्किल रास्ता भी हो जाएगा आसान,
आपके बिना यह रास्ता डगमगा न जाए, मुझसे मेरी मंज़िल भटक न जाए।
ऐसा लग रहा है आज सर पर छत नहीं है, बारिश का झोंका मुझे डुबा न जाए,
चारों तरफ़ अंधकार-सा लग रहा है, उजाले की किरण आप ही हो माँ।
हर तरफ़ काले सायों का पहरा है, मुझे अपने आग़ोश में छुपा लो न माँ,
इस संगदिल दुनिया की बुराइयाँ, अपनी दुआओं से दूर कर दो न माँ !

माँ के जाने के बाद ऐसा लग रहा है, जैसे चारों तरफ़ एक सन्नाटा छा गया है। कुछ भी अच्छा नहीं लग रहा है। सबकुछ

है, पति हैं, बच्चे हैं, सब मुझसे बहुत प्यार करते हैं और मेरा बहुत ख़याल भी रखते हैं, पर फिर भी ऐसा लग रहा है, जैसे मेरी पूरी दुनिया ही सूनी हो गई है। ज़िंदगी से रौनक़ ही चली गई है। बहुत चाहती हूँ ख़ुश रहूँ, ऊपर से हँसती हूँ, बोलती हूँ, पर मन अंदर से दुःखी ही रहता है।

इस दुनिया में आपकी जगह कोई भर नहीं सकता।
आपके जैसे ममता की ओढ़नी कोई ओढ़ा नहीं सकता।
आपका अहसास हममें कोई और भर नहीं सकता।
आपके जैसे कोई राह दिखा नहीं सकता।
आपके जैसे कोई आत्मविश्वास भर नहीं सकता।
आपके जैसे कोई हिफाज़त कर नहीं सकता।
हमारी कमियों को आपके सिवा कोई अपना नहीं सकता।
हमारी हर ज़िद को कोई और पूरा कर नहीं सकता।

सबने माँ के कपड़े लिये, मैंने भी एक ले लिया, ताकि मेरे पास भी माँ की निशानी रहेगी। बहुत मन घबराता है तो उनके कपड़े को अपने सीने से लगाकर रखती हूँ तो थोड़ा सुकून मिलता है। एक दिन उनकी ये सलवार-कमीज़ पहनूँगी, क्या पता मुझे लगे कि मैं माँ की गोद में हूँ, माँ का वो सूट मुझे माँ से मिला दे और इस तरह शायद मुझे माँ के आगोश (गोद) का अहसास मिल जाए।

जब माँ होती हैं, हम यही सोचते हैं—

ज़िंदगी कड़ी धूप है, माँ तुम हो छाँव-सी,
चले जा रहे हैं हम, इस ज़िंदगी में बेपरवाह-से।
कुछ सोचते नहीं जब माँ होती हैं साथ,
परेशानियों का मोल माँ समझने नहीं देतीं।
हर कठिनाइयों पर ढाल बनके हो जाती हैं खड़ी,
मेरी माँ है तो क्या फिक्र है, कठिन रास्ता हो,
या फिर दर्द-ए-मुश्किल बहुत सी हों,
माँ की दुआओं का ज़ख़ीरा है तो क्या ग़म है।

माँ के न होने से ऐसा लग रहा है, जैसे मैं अनाथ हो गई हूँ। इस दुनिया में मेरा कोई है ही नहीं। मेरी ज़िंदगी वीरान सी लगने लगी है। मुझे दर्द इतना ज़्यादा है कि मैं भी माँ के पास चली

जाऊँ, लेकिन ऐसा सोचना ठीक नहीं है। मैं भी दो बच्चों की माँ हूँ, मुझे उनके लिए भी जीना है। मुझे भी एक माँ का, एक पत्नी का फर्ज़ पूरा करना है। यह सच है, ज़िंदगी रुकती नहीं, चलती जाएगी। कोई आएगा, कोई जाएगा, संसार यूँ ही चलता रहेगा।

एक बार आ जाओ न माँ, डाँटने ही सही,
मुझ पर कर लो ग़ुस्सा जितनी मर्ज़ी हो आपकी।
आपकी डाँट भी आज लोरी का अहसास भर रही,
आपकी चाहत मुझे ख़ुद से बेगाना कर रही।
आपके साथ बिताया हर लम्हा यादगार बन गया,
मेरी ज़िंदगी के गुलशन में आज पतझड़ हो गया।
दिल को आबाद करने आ जाओ कुछ पल ही सही,
एक बार आ जाओ न माँ, डाँटने ही सही।

आज हमारे बच्चे हमें बोलते हैं कि माँ, हम आपसे बहुत प्यार करते हैं। पहले हम यह बोल ही नहीं पाए कि माँ, मैं आपसे बहुत प्यार करती हूँ, पर सबको बोलना चाहिए, माँ को भी अच्छा लगेगा। उनकी परवाह बहुत करती थी, जब भी जाती थी, उनके लिए बहुत कुछ ले जाती थी। वे मना करती थीं, लेकिन मैं यही कहती थी, मेरा भी तो मन करता है कि आपकी ज़रूरतों का ख़याल रखूँ, थोड़ा भी जो मैं आपके लिए कर पाऊँ, यह मेरी ख़ुशक़िस्मती होगी।

कभी बोलो बहुत प्यार करते हैं आपसे,
कभी बोलो मेरी हर पल की ख़ुशियाँ हैं आपसे।
दो पल पास बैठो कुछ गुफ़्तुगू हो जाए आपसे,
थोड़ी पुरानी बातों का ज़िक्र हो जाए आपसे।
आप हँसती हैं तो मोहब्बत की बारिश होती है आपसे,
बोलो माँ, हमारी मुसकराहट की पहचान है आपसे।
मेरी ख़ताओं को माफ करना, मेरा वजूद है आपसे,
मेरी नादानियाँ भूल जाना, मेरी दरख़्वास्त है आपसे।

माँ, आप वो हस्ती हैं, जिसकी किसी से तुलना नहीं की जा सकती। आपका क़र्ज़ हम कभी नहीं उतार सकते। एक माँ अपने बच्चों के लिए जीती है और बच्चों के लिए अपनी पूरी ज़िंदगी क़ुरबान कर देती है।

नींद पूरी नहीं होती,
दिन कामों में निकल जाता।
बालों में कंघी करने को भी,
उन्हें होश नहीं होता।
कभी आईने पर नज़र पड़ती,
सोचतीं, इतनी फुरसत कहाँ,
मैं अपने को सँवार पाती,
देख बच्चे को बस तर जातीं।

दुनिया आपके लिए हर रास्ता भले ही बंद कर दे, लेकिन

यह आपको भी पता है कि आप चाहे कितने ग़लत ही क्यों न हों, वह आपकी माँ ही होती हैं जो आपको सहारा देती हैं। भले ही आप उनका सहारा कभी न बने हों, लेकिन वह हर राह पर आपका सहारा बनती हैं। भले ही आपने उनको चार पैसे कमाकर कभी न दिए होंगे, लेकिन वह कमाकर आपका पेट जरूर भरती हैं। आप उनके दर्द की दवा कभी ना बन पाएँ, लेकिन माँ आपके हर दर्द का मरहम बन जाती हैं। आप एक के बाद एक फरमाइशों के क़तार खड़ी कर देते हो पर मजाल है, हमारी माएँ हमारी एक भी ख़्वाहिश अधूरी छोड़ दें। आज रात को मैं घर 2 बजे लौटूँगा, माँ यह सुनकर रात को कई बार पानी से मुँह धोती थीं कि कहीं मुझे नींद ना आ जाए, मेरा बेटा आए तो मैं घंटी की आवाज़ सुन ना पाऊँ, यही सोचकर वह कुछ न कुछ काम निकालकर करने लगती थीं और जागकर हमारा इंतज़ार करती हैं। जब कभी पापा से पैसे माँगने की हिम्मत नहीं होती थी तो वह माँ ही होती हैं जो हमारे हाथ को कभी ख़ाली नहीं रहने देती थीं।

तुम सहारा बन ना पाए, माँ सहारा देती रहीं।
तुम ख़ुद कुछ कर न पाए, माँ सलाह देती रहीं।
तुम परवाह न किए, वह ख़याल रखती रहीं।
जब भी रोटी माँगी, अपने हिस्से की देती रहीं।
भरकर हमारा पेट, वो निवालों से भूखी रहीं।
दो साड़ियों में हमेशा वो गुज़ारा करती रहीं।
कभी सीतीं, कभी उस पर पैबंद लगाती रहीं।
माँ कैसी हैं, बस सब्र को प्याले में पीती रहीं।

सोते-जागते, काम करते उन्हें बस अपने बच्चों का ही ख़याल रहता है। बच्चे कहीं बाहर गए हैं तो सोचती रहती हैं, पता नहीं बच्चों ने कुछ खाया कि नहीं? आने में थोड़ी देर हो जाए तो तमाम (सारी) दुआएँ कर डालती हैं। माँ की दुनिया उनके बच्चों के इर्द-गिर्द ही घूमती है।

ओ माँ, आपका बिछौना तारों के संग है क्या?
आज बैठूँगी मैं छत पर यह देखने को माँ!
आप इन तारों में कौन सा सितारा हो,
ज़रा तेज़ चमककर इशारा कर देना।
चंदा मामा से मिलना, मेरा सलाम कहना,
भाई-बहन की जोड़ी बनकर चमकना।
अपनी बेशक़ीमती कोहिनूर-सी चमक से,
उस जहाँ को और भी रोशन कर देना।

माँ को पूरा प्यार दें, उन्हें कुछ और नहीं चाहिए होता है, बस आपका प्यार, आपका ख़याल रखना ही उन्हें सुकून पहुँचाता है, क्योंकि माँ तो इतने से ही ख़ुश हो जाती हैं, जब बच्चे पूछ लेते हैं कि माँ, आप कैसी हैं? आपकी तबीयत ठीक है? आपको किसी चीज़ की ज़रूरत है? तो आप मुझे बताइए। थोड़ा सा वक़्त उन्हें भी दीजिए, जिसने आपको बड़ा करने में अपनी ज़िंदगी का अहम (क़ीमती) हिस्सा, चौबीसों

घंटे दिए हैं। यक़ीन मानिए, जब उन्हें यह महसूस कराया जाए कि उनके बच्चे उनकी फ़िक्र करते हैं तो एक माँ जी उठती है।

वह पानी सी निर्मल हैं, स्वच्छ हैं।
वह बर्फ़ सी सख़्त नही, मोम सी नरम हैं।
वह ममता में डूबी हैं, ममता से बनी हैं।
वह हर पल, एक नए रूप में आती हैं।
वह कभी माँ कभी बहन, कभी बेटी हैं।
वह किसी का दुःख देख नहीं पाती हैं।
वह बच्चों को अपनी जान समझती हैं।
वह अपने घर के बाग़ की जन्नत हैं।

सच ही कहा गया है, माँ तो सबकी अच्छी होती हैं, लेकिन ख़ुशक़िस्मत वो माँ हैं, जिनकी औलाद नेक होती हैं। जो भी ये पुस्तक पढ़ रहे हैं, उनसे मेरी इल्तेजा (निवेदन) है कि आप कभी भी माँ का निरादर न करें और उनका हमेशा सम्मान करें। माँ ऐसी होती हैं कि सभी अपनी माँ से प्यार करते हैं, लेकिन आप उन्हें कितना प्यार देते हैं और उनकी देखभाल के लिए कितना समय लगाते हैं, ये अपने-अपने लगाव व प्यार पर निर्भर करता है।

डगमगाई हुई कश्ती की खेवइया आप हैं।
बिगड़ी हुई किस्मत को सँवारती आप हैं।
टूटी हुई आस को मुकम्मल करती आप हैं।
हर ज़ख़्म, हर दर्द में मरहम आप हैं।
टूटे हुए घर की हर दरारें भरती आप हैं।
मुरझाए हुए फूलों को खिलाती आप हैं।
रात को लोरी की धुन से सुलाती आप हैं।
सुबह मुसकराकर जगाती आप हैं।

माँ जैसा कोई नहीं, यह सब जानते हैं और मानते भी हैं, पर कुछ लोग क़द्र नहीं कर पाते हैं और जब वह दुनिया से चले जाते हैं, तब लगता है कि हमने क्या खोया है। माँ हमें सही-ग़लत बतानेवाली और हमारी हर राह को आसान बनाने वाली होती हैं।

एक रोज़ चुपके से आ जाना,
जब ख़ुदा नींद के आगोश में हों,
सारे फरिश्ते भी नींद के आलम में हों,
दबे क़दमों से आना, आहट होने न देना,
मुझसे मिलना और फिर चली जाना,
ख़ुदा की शान में गुस्ताख़ी हो तो,
माफ़ी माँग लेना और यही कहना,
बेटी उदास थी, बस हँसाकर था आना।

आजकल शहरों में कितने लोग ऐसे हैं, जो अपने बूढ़े माँ-बाप को वृद्ध आश्रम में छोड़ देते हैं। बताइए, वह बच्चे, जिन्हें पाल-पोसकर माँ बड़ा करती हैं और अपना सुख-चैन सब भूलकर, यहाँ तक कि अपनी भूख-प्यास भी भूल जाती हैं, बच्चों की परवरिश में एक पैर पर खड़ी रहती हैं और सारा दिन यह काम, वह काम बस भागमभाग। हमें इस बात का अहसास और ज़्यादा तब होता है, जब हम माँ बनते हैं। जब बच्चों को कोई परेशानी हो जाती है, कैसे हम बच्चों के लिए रात-रात भर जागते हैं। हर परेशानी को हँसकर टाल देती हैं, हर दुःख को मुसकराकर परे कर देती हैं और जब बात बच्चों पर आए तो ख़ुदा से भी लड़ जाती हैं। ऐसे माँ-बाप को बच्चे वृद्ध आश्रम में कैसे छोड़ देते हैं, जिन्होंने आपको जन्म दिया, परवरिश की, कभी वो ये सोचें, जो लोग ऐसा करते हैं कि कल उनके बच्चे उनके साथ ऐसा करेंगे तो उनको कैसा महसूस होगा। एक बार मन में यह ख़याल लाकर तो देखो, अगर तुम्हारे अंदर थोड़ी भी इनसानियत होगी तो तुम्हारी आत्मा काँप जाएगी। क्यों जानबूझकर नज़रअंदाज़ किया जाता है, क्यों इतनी बेरुख़ी, इतना परायापन उस माँ से, जिसने तुम्हें जन्म दिया, ज़िंदगी में चलना सिखाया, पाला-पोसा, अपने दिन-रात का चैन-सुकून खोया। कैसे कोई माँ के प्यार को भूल जाता है, कैसे माँ के त्याग को भूल जाता है, कैसे?

बेटी ने कहा माँ मेरी है।
बेटे ने कहा माँ मेरी है।
ख़ुशी में सब भूल गए।
ग़म में कहा माँ मेरी है।
हुए जब सब बड़े,
आई माँ को रखने की बारी।
सब नज़रें चुराने लगे,
न जाने, माँ अब किसकी थीं।

वृद्धाश्रम जैसी जगह क्यों बनाई गई, जब यह बनाई गई होगी तो कितने माँ-बाप का हृदय अत्यंत पीड़ा की वेदना से भर गया होगा, बात यह नहीं है कि वृद्धाश्रम जैसी जगह बनाई गई है, बल्कि मैं तो इस चीज़ से बहुत ही प्रभावित हूँ और सरकार को धन्यवाद करती हूँ कि उन्होंने उन सारे बूढ़े माँ-बाप को रहने का आश्रय दिया, नहीं तो उन बेचारे कमज़ोर बूढ़े माँ-बाप का क्या होता। मुझे तो तकलीफ इस बात से है वह माँ-बाप जो सात-आठ बच्चे पाल, पोसकर पढ़ा-लिखाकर इस योग्य बनाते हैं कि कल यही बच्चे हमारे बुढ़ापे का सहारा बनेगें और वही बच्चे उन्हें बेसहारा छोड़ देते हैं। हमारे माँ-बाप हमें बड़े प्यार से सींचकर एक विशाल वृक्ष के रूप में खड़ा करते हैं। हमें बड़ा करने में जहाँ हमारे पिता की मेहनत की कमाई, हमारे भविष्य को लेकर दिन-रात की

चिंता, यह सोचना कि जो दुःख-परेशानी मैंने झेली है, वह मेरे बच्चों को ना देखना पड़े इसलिए वह जी-तोड़ मेहनत करते हैं। उनके कठिन परिश्रम का मोल और माँ की अथाह ममता का स्वरूप होते हैं बच्चे। माँ के हाथ के छाले तुम्हें कभी ना दिखे होंगे, जो लकड़ी के चूल्हे की चिंगारी से न जाने कितनी बार पड़े होंगे, काले बर्तनों को माँज-माँजकर नाख़ून हमेशा घिसे और बे-रौनक़ होते थे पर वह कभी उफ़ नहीं करते थीं। बड़े ही चाव से हमारे लिए सब करती थीं। हमारे ज़माने में कभी माँ को मैंने सँवरतें हुए नहीं देखा, मैंने तो बस उनको दिन-रात अपने घर को सँवारतें हुए देखा है। उनकी अपनी भी कोई ख़ुशियाँ होती हैं? कोई चाहत होती है? उनको तो इस बात की ख़बर ही नहीं होती थी, क्योंकि हर पल सिर्फ अपने बच्चों और परिवार के बारे में सोचने से फुर्सत ही नहीं पाना चाहती थीं। एक दिन तो आप अपने भी लिए चुनतीं, जिसे अपने लिए जीतीं, लेकिन नहीं, उनकी सोच इस दायरे से कोसों दूर होती है। पिता का जीवन बहुत ही संघर्ष भरा होता है। उनकी मेहनत की डगर को झाँककर देखोगे तो अनगिनत घाव छुपे होंगे। अपने बच्चों को एक उज्ज्वल भविष्य देने के लिए कठोर परिश्रम करते हैं, ना दिन देखते हैं ना रात, ना बारिश का झोंका, ना धूप की तपिश, सबकुछ अपने बच्चों की परवरिश के लिए सहन करते हैं, एक-एक रूपया जोड़ते हैं और न जान कितने थपेड़ों को पार करते हैं। माँ-बाप

के उपकार का तुम एक बूँद भी नहीं भर पाओगे, ऊपर से वृद्धाश्रम जैसी जगह उन्हें भेज देते हो। माँ-बाप की आत्मा तो उसी दिन पाषाण जैसी हो जाती होगी जिस दिन उनको यह दिन देखना पड़ता है। सात-आठ बच्चे पालनेवाले को सात-आठ बच्चे मिलकर अपने माँ-बाप को नहीं रख पाते हैं। शर्म करो, इंसानियत कुछ शेष बची हो तुम्हारे अंदर तो विचार करो। वृद्धाश्रम तो उनके लिए होना चाहिए, जिनकी कोई संतान नहीं होती और उनको देखभाल की ज़रूरत होती है। हमारे माता-पिता का जीवन बहुत ही संघर्षों से भरा होता है इसलिए उनको कभी दुःख ना पहुँचाना। वृद्धाश्रम में जो माँ-बाप आज रह रहे हैं, क्या उनकी आँखें हर पल अपने बच्चों का इंतज़ार नहीं करती होंगी, क्या उनकी नज़रें दरवाज़े को टटोलती नहीं होंगी, हर पल एक आहट का अहसास जरूर होता रहता होगा कि शायद आज अभी कोई मेरे घर से मुझे लेने आ जाएगा। उनका मन मृगतृष्णा सा हर क्षण व्याकुल सा भटकता रहता होगा। यह सोचकर ही मेरा अंतर्मन पीड़ा के घाव से भर जाता है। बड़े ही बदक़िस्मत हैं ऐसे लोग, जो अपने भाग्य को अपने से दूर कर देते हैं, अपने ही नसीब पर आरी चलाते हैं और अपने ही आने वाले भविष्य को अँधेरे में धकेल रहे हैं। उनके बच्चे जो आज देख रहे हैं वही तो सीख रहे हैं, जो तुम आज अपने माँ-बाप के साथ करोगे, कल वही तुम्हारे बच्चें भी करेंगे इसलिए ऐसी शिक्षा मत दो जिससे

आनेवाले तमाम पीढ़ी तुम्हारे दुष्कर्मों का भुगतान करें। माँ-बाप तो वह अनमोल खज़ाना है, जितना भी तुम उनसे दुआएँ ले सको, लेते रहो, उनके दुआओं का ज़ख़ीरा (खज़ाना) कभी ख़ाली नहीं होता। ममता भरे उनके हाथ सदा हमारी अच्छी क़िस्मत की, अच्छे स्वास्थ्य की, हमारे ख़ुशियों की, हमारे हर दुःख को परे करने की, हमारे दुश्मनों को दूर रहने की, उन सारी दुआओं के लिए हाथ उठते रहते हैं, जिससे हमारा जीवन सदा फलता-फूलता रहता है इसलिए मालिक किसी माँ -बाप का घर ना छूटे, उनसे उनका परिवार न छूटे। हर संतान को सद्बुद्धि दें कि वह अपने माता-पिता को कभी अपनों से दूर ना करें। हर बेटी, हर बहू, यह जरूर सोचें अगर मेरे माता-पिता के साथ ऐसा होगा तो कैसा महसूस होगा, बस इसी सोच को अपना कर देखो हर घर स्वर्ग सा सुंदर बन जाएगा। सभी माता-पिता के आगे मैं नतमस्तक हूँ। वृद्धाश्रम एक ऐसी जगह है जहाँ किसी की माँ हैं और किसी के पिता और किसी के दोनों ही वहाँ पर हैं। उन सबका वक़्त एक-दूसरे के साथ तो कट ही जाता होगा, किसी को दोस्त, किसी को बहन, किसी को भाई, सभी को कोई-न-कोई रिश्ता वहाँ मिल ही जाता होगा। थोड़ी सी खटपट,थोड़ी सी नोकझोंक, लेकिन बहुत सारा प्रेम,आपस में बाँटते हुए वह अपना जीवन व्यतीत तो कर ही लेते हैं पर मन में लगे उस घाव को कभी भर नहीं पाते होंगे, जो उन्हें उनके बच्चों ने दिया है।

माँ क्यों हो जाती हैं सब पर भारी,
जब उनकी थी बारी, हमें समझा नहीं भारी।
आई जब हमारी बारी, तो माँ क्यों हुईं भारी,
तुम्हें उठाए फिरती थीं, कितने भी थे तुम भारी।
माँ की ममता का नहीं, दूसरा कोई सानी,
हमें तो होना चाहिए, हमेशा उनका आभारी।
एक पल में कर देती हैं, आसान मुश्किलें सारी,
उनकी ममता का क़र्ज़, हमेशा सब पर है उधारी।

जिन बूढ़े माँ-बाप को जिस वक़्त सबसे ज़्यादा आपकी ज़रूरत होती है, उनको आप घर से निकाल देते हैं। चार दिन की ज़िंदगी में दो पल उन्हें भी ख़ुशियों के दें। एक ऐसा पल आएगा, जब ये ठहर जाएँगे, हमसे इतनी दूर चले जाएँगे कि हम लाख चाहकर भी इन्हें वापस नहीं पाएँगे। माँ-बाप का मर्तबा (स्थान) ऐसे ही उस रब ने आला (ऊँचा) नहीं बनाया है। वे बहुत नायाब (क़ीमती) शख़्सियत (व्यक्तित्व) होते हैं। हमेशा इस बात का ख़याल रखें, उनके सम्मान और स्वाभिमान को कम न होने दें। उनके दुःख का कारण कभी न बनें, नहीं तो तुम्हारे चारों तरफ़ दुःखों का पहाड़ बन जाएगा।

किसी ने छोड़ दिया वृद्ध आश्रम में,
किसी ने घर में ही दो चूल्हे कर दिए,
किसी ने एक कमरे में सीमित कर दिया,
अपने हाथों से खिलाकर बड़ा किया जिसको,
उसी ने अपना दस्तरख़्वान अलग कर लिया,
बूढ़ी आँखों में हज़ारों ग़म भर दिए,
कभी सोच सको तो सोचना ज़रूर,
क्या दिया तुमने माँ को इस ज़िंदगी में।

सोचिए, अगर वृद्ध आश्रम जैसी जगह नहीं होती तो ये बेचारे दुःखी माँ-बाप, जिन्हें बच्चे अपने साथ नहीं रखते हैं, वो कहाँ जाते? सरकार का यह कार्य बहुत ही सराहनीय और सम्माननीय हैं, जिन्होंने वृद्ध आश्रम जैसी जगह बनाई है, कम-से-कम उन बूढ़े माँ-बाप को भटकना तो नहीं पड़ता। इस महान् कार्य के लिए मैं दिल से सरकार की शुक्रगुज़ार हूँ और उनका धन्यवाद करती हूँ। ख़ुदा के बाद किसी का सज़दा (सिर झुकाना) करें तो अपने माँ-बाप का करें।

हमारे माँ-बाप से हमारा रिश्ता ऐसा होना चाहिए कि वे बेझिझक हमसे सबकुछ कह सकें। अपनी ज़रूरतों का, अपनी ख़्वाहिशों का, जो भी वे कहना चाहें, हमसे सहज होकर कह सकें और यह तभी हो सकता है, जब हम बच्चे उनके मान-सम्मान का ख़याल रखते हुए हर छोटे-बड़े कामों में उनको भी

भागीदार बनाएँ। उनको यह बतलाया जाए कि उनका इस घर में बहुत महत्त्व है। कोई भी काम आप उनको बताकर करेंगे तो उनके लिए भी यह सम्मान की बात होगी और कुछ नहीं। माँ-बाप तो बस हमारी ख़ुशियाँ चाहते हैं, अगर आप अपनी ख़ुशियाँ उनसे बाँटेंगे तो आपके मन को भी एक अद्‌भुत खुशी की अनुभूति होगी।

बचपन में तो हमारा बचपना था,
बड़े होकर कितनी फिक्र की सबने।
उनके दर्द को महसूस किया किसने,
दो पल बैठ उनको अपनापन दिया किसने।
माँ की परेशानियों का क्या अंदाज़ा है सबको,
वह न जाने क्या-क्या सह रही हैं,
किसी से कुछ न कह पा रही हैं,
सबके अहसासों से क्यों अनछुआ था।

इन पाँच महीनों में माँ, आपने बहुत दर्द सहा। आप बहुत तकलीफ़ में थीं और हर दिन आपकी तकलीफ़ सिर्फ देखी ही नहीं है, बल्कि आपके दर्द को शिद्‌दत (गहराई) से महसूस भी किया है। मैं भी हर दिन दर्द से तड़पी हूँ माँ, आपकी तकलीफ़ देखकर इतनी तकलीफ़ज़दा होती थी कि आपको देखकर बहुत रोती थी और यही दुआ माँगती रहती थी, याख़ुदा! मेरी माँ को ठीक कर दीजिए या तो अपने पास बुला लीजिए। ऐसी दुआ

करते हुए रोती रहती थी कि मैं आज इस तरह अपनी माँ के लिए दुआ माँगने के लिए बेबस हो गई हूँ। उनकी तकलीफ़ इतनी ज़्यादा थी कि देखा नहीं जा रहा था। मैं क्या करती, मेरा कोई वश नहीं चल रहा था। होना तो वही था, जो ख़ुदा को मंज़ूर था। हम इनसान तो इस दुनिया में आए हैं, सोचते हैं कि ये हो जाए, वो हो जाए, काश! ऐसा होता, काश! वैसा होता, लेकिन हमारे हिसाब से दुनिया कहाँ चलती है। हम सब उस रब के हाथ की कठपुतलियाँ हैं, वे हमें जिस हाल में रखेंगे, हमें रहना होगा। लेकिन ऐ ख़ुदा, किसी माँ को इतनी तकलीफ़ न दें। मेरे मालिक, जो दर्द साढ़े पाँच महीने मेरी माँ ने झेला, वो नाक़ाबिले बर्दाश्त था। हम भी तिल-तिल मरकर उस दर्द को महसूस करते थे। ऐ ख़ुदा, मेरी माँ और दुनिया में सारी माँओं को जन्नत नसीब हो। आमीन!

आज दूध की कटोरी खाली रह गई।
पकवान से भरी थाली बेलज़्ज़त हो गई।
घर की दीवारें बेरौनक़ हो गईं।
मेरी ज़िंदगी की नूरानी हस्ती,
मेरे जहाँ को सूना कर गईं।
दिल की गहराइयों में ख़ालीपन भर गईं।
माँ की इस दुनिया से रुख़सती का ग़म,
मेरी हर ख़ुशी अधूरी कर गई।

हर वक़्त आपका प्यारा चेहरा मेरी आँखों के सामने होता है। हर बच्चे को उनकी माँ प्यारी लगती है, होती ही है हर माँ ख़ूबसूरत परी-सी, माँ तो सचमुच एंजल होती हैं। हमारे लिए सबकुछ करती हैं, हमारा खाना, कपड़े व सारी ज़रूरतें उन्हें पता होती हैं, हमें कब, कहाँ, क्या चाहिए, वही तो पूरा करती हैं तो हुई न माँ हम सबकी जान, हम सबकी एंजल।

आसमाँ से एक परी आई,
मेरे लिए ढेरों ख़ुशियाँ लाई,
मेरे लिए दुआ बनकर आई,
हिफाज़त की टोकरी लाई,
हमारे ख़्वाबों को पास लाई,
जादू से हमें निखारने आई,
आसमाँ से एक परी आई,
मेरे लिए ढेरों ख़ुशियाँ लाई।

कहते हैं कि वक़्त सबसे बड़ा मरहम होता है, हर दुःख को भुलाने के लिए, शायद मेरी भी माँ को खोने का ग़म, जो मेरे लिए आज तक इस दुनिया का सबसे बड़ा ग़म है, वो कुछ कम हो जाए। आज ढाई महीने बाद भी ऐसा लग रहा है, जैसे कल की ही बात है। माँ के जाने का सदमा बहुत ही तकलीफ़ (कष्टदायी) भरा है। वक़्त मेरा ये घाव भले ही कम कर दे, पर

मेरा यह घाव कभी भर नहीं पाएगा। उनके न होने का अहसास ही जानलेवा है। मेरे सुख-दुःख की साथी अब मुझसे दूर चली गई हैं। मैं अब उनसे अकसर ख़्वाबों में मिलती हूँ, उनको ख़्वाब में देखकर यूँ लगता है, माँ से आज मिल आई हूँ, बहुत अच्छा महसूस करती हूँ।

ए पंछियों सुनो एक संदेशा भिजवाना है।
मेरा एक पैग़ाम आसमाँ तक पहुँचाना है।
आकाश की सतह पर तुम्हारा आना-जाना है।
मेरी माँ का अब वहाँ पर एक नया घराना है।
तुम जाना और कहना ज़मी से आपकी बेटी ने,
आपके लिए सलाम और एक पैग़ाम भेजा है।
पूछा है, वापस आने का क्या कोई रास्ता है।
मुझे फूल चुनकर उनके रास्ते में बिछाना है।

मेरी माँ! मुझसे कभी नाराज़ न होना, उतर जाएगा हर क़र्ज़, पर आपका क़र्ज़ नहीं उतर पाएगा। आपके क़दमों में अपनी चमड़ी भी काटकर रख दूँ, फिर भी माँ, मुझसे आपका क़र्ज़ नहीं उतर पाएगा। ख़ुदा ने आपको ऐसी हस्ती बनाकर भेजा है हम बच्चों के लिए, एक फरिश्ता-सी हो आप मेरे लिए।

आपकी ममता का कोई सरोकार नहीं,
आपके प्यार के क़र्ज़ की कोई उतारी नहीं,
गरमी में धूप, बारिश में बरसात ही अच्छी लगे,
माँ की जगह माँ ही भातीं और नहीं कोई,
आपके वजूद की बराबरी तो दूर की बात है,
कोई आपकी शख़्सियत को छू भी नहीं सकता,
ख़ुदा ने जब माँ जैसी बेलौस मोहब्बत बनाई होगी,
कुछ और माँ जैसा बन सके, यह सोचा नहीं।

कहते हैं कि माँ का दर्जा (स्थान) इतना ऊँचा है कि माँ अगर गुस्से से बच्चे की तरफ़ घूरकर देख लें तो हमारा ख़ुदा भी हमसे नाराज़ हो जाता है। दुनिया में कितना भी अच्छा कर लोगे, लेकिन अगर माँ को ख़ुश नहीं रख पाए तो तुम्हारा ख़ुदा भी तुमसे ख़ुश नहीं होगा, तुमसे राज़ी नहीं होगा। माँ-बाप ऐसी महान् हस्ती हैं कि इनके जाने के बाद हमें अहसास होता है कि हमने बहुत ही अनमोल रिश्ता खोया है, जिसकी भरपाई कोई नहीं कर सकता। यह ज़िंदगी ख़ाली मकान हो जाती है, माँ! आपके जाने के बाद सारी रौनक़ ही चली जाती है।

नानी के घर की एक बात बहुत अच्छी लगती है, वहाँ हमें हमारी माँ के नाम से जाना जाता है।

जब मेरे नाम को कोई माँ के नाम से है जोड़ता,
मेरे दिल का समंदर ख़ुशी से हिलोरें है मारता।
ख़ुदा ही जानता है उस पल के अहसास का सबब,
माँ की परछाईं का उनके नाम से जानना।
नानी, मौसी, मामी, मामा, जब सारे यह कहते,
यह तो इनकी बेटी है और माँ का नाम हैं लेते।
उनके नाम के साथ अपने नाम का जुड़ना,
बड़े क़रीब से मुझे, उनकी रूह से है जोड़ता।

वो माँ जो चौबीसों घंटे हमारे लिए खड़ी रहती हैं, कितना काम करती हैं, लेकिन कभी चेहरे पर थकान नहीं दिखती थी। मैं जानती हूँ कि आप कभी नहीं आएँगी, पर काश ऐसा होता, वो कभी-कभी हमसे मिलने आ जातीं। मैं भी क्या सोच रही हूँ, जानती हूँ कि अब वे ऐसी दुनिया में चली गई हैं, जहाँ से कोई वापस नहीं आता, रहती हैं तो सिर्फ उनकी वो यादें, जो बचपन से बड़े होने तक हमने उनके साथ बिताई हैं। एक दर्द, एक टीस, जो हमें अंदर-ही-अंदर तड़पाती रहती है।

फूलों से पूछा, तुमने माँ जैसी कहीं और देखा है?
कल-कल करती नदियों से पूछा, माँ जैसी है कोई?
लहलहाती फसलों से पूछा, माँ जैसी दूजा और है?
पेड़ पर बैठी कोयल से पूछा, माँ सी तुमने देखी है?
पर्वत की शिखर से पूछा, माँ सी ऊँचाई है कहीं?
समंदर से पूछा, माँ सी गहराई है क्या किसी में?
सबने कहा जग में ऐसा कोई और अजूबा नहीं,
माँ जैसी कोई नहीं, यह फरिश्तों ने भी माना है।

सिर्फ बेटी ही नहीं, बेटे को भी यह करना चाहिए, उनके हाथ-पैर दबाओ, सिर दबाओ, अगर वे नहीं खा पा रही हैं तो आप उनको अपने हाथ से खिलाओ। यह आपका भी फ़र्ज़ है कि आप अपनी माँ की ख़िदमत (सेवा) करें और यक़ीन मानिए, इससे अच्छी ख़िदमत किसी बेटे या बेटी के लिए नहीं हो सकती कि उन्हें अपनी माँ की ख़िदमत करने का मौक़ा मिले। जिसे यह मौक़ा मिले, वह उसे गँवाए नहीं, बल्कि कमाए ढेर सारी दुआएँ और अपने लिए जन्नत पाने का रास्ता, जो माँ के पैरों में है। आप प्यार दोगे तो वे जी उठेंगी, हर दर्द से लड़ जाएँगी, हर तकलीफ़ सह लेंगी, आपके प्यार और देखभाल से शायद उनको फिर से जीने का हौसला आ जाए। अपने माँ-बाप को कभी तकलीफ़ न देना, उन्होंने हमेशा तुम्हारी ख़्वाहिश पूरी की है, उनके

पास है, नहीं है, कितना है, कितना नहीं है, लेकिन बच्चे की फरमाइश पूरी करने की पूरी कोशिश करते हैं। वे बच्चों के मुरझाए चेहरे देख नहीं पाते, माँ-बाप ऐसे ही होते हैं। आपका भी फ़र्ज़ बनता है कि उनकी ख़्वाहिशों का सम्मान करें, जो आप उनके लिए कर सकते हैं, उनको ज़रूर पूरा करिए। माँ-बाप में जब कोई एक चला जाता है तो एक अकेला हो जाता है, पर यह तो एक दिन होना ही होता है। चाहे माँ पहले जाएँ या फिर पापा, एक को अकेलापन झेलना ही पड़ता है।

उनके उस रात और दिन का हिसाब करो,
जब जागीं रातों को सोईं नहीं सारी रात,
आज वक़्त नहीं है तुम्हारे पास, अपने से पूछना ?
करते हो बहाने, देते हो सफाई,
उनकी ममता की बुलंदी का न करो अनादर,
जाओ अपने पर ख़र्च हुई उस नींद का हिसाब करो,
माँ के सर पर रखो हाथ, बोलो प्यारी माँ,
दबा देता हूँ सर आपका, आप चैन से सोया करो।

मानती हूँ, आजकल की ज़िंदगी में लोग बहुत व्यस्त होते हैं, लेकिन इतना भी क्या कि 10 मिनट भी हम उनके लिए निकाल न पाएँ। जो भी यह पुस्तक पढ़ रहा है, चाहे

वो बड़े हों या बच्चे, सबको मैं यही कहना चाहती हूँ कि अपने घर के बुज़ुर्गों का सम्मान करें, प्यार दें, ख़ुशी दें, साथ दें और अपना थोड़ा सा समय उनको ज़रूर दें। वे बहुत अकेले होते हैं, आपका थोड़ा सा ख़याल रखना ही उनके जीवन जीने की चाह को बढ़ाता है, अगर उन्हें यह लगता है कि किसी को उनकी परवाह नहीं है तो वे जीना ही नहीं चाहते और जब वे चले जाते हैं तो हम लाख सोचें, छटपटाएँ, सिवा दुःख-दर्द के हमें कुछ हासिल नहीं होता। माँ के बारे में मैं कितना भी लिखूँ, लिखती जाऊँगी, यह पुस्तक भर जाएगी, लेकिन माँ के लिए लिखना पूरा नहीं हो पाएगा। उनके लिए पुस्तक ही क्या, उनकी अज़ीम शख़्सियत (अनोखा व्यक्तित्व) इतनी बड़ी है कि हम कभी पूरा नहीं लिख सकते हैं।

दूर आसमाँ में छुप गई हो माँ,
नज़रें तक-तककर, थक गई हैं माँ!
कहीं दूर तक नज़र न आईं,
बादलों के बवंडर में आप माँ।
माना कि ख़ुदा का घर है सबसे प्यारा,
पर घर का हर कोना है सूना-सूना।
आप ख़ुश रहें उस जहाँ में माँ,
जहाँ ख़ूबसूरत बसेरा है आपका माँ!

काश! ऐसा होता, हम कभी बड़े ही नहीं होते, हमेशा बच्चे रहते तो कभी माँ से अलग नहीं होते। बेफिक्र सी ज़िंदगी होती है। बचपन की हमारी चिंता करनेवाले, हमारा ख़याल रखनेवाले हमारे माँ-बाप जो हर वक़्त मौजूद होते हैं, सबकुछ एक आवाज़ पर हाज़िर हो जाता था। जब यह सोचती हूँ कि कभी आपको नहीं देख पाऊँगी तो यही सोचकर मेरे मन का अंतर्द्वंद्व मुझे घायल कर देता है। आपसे कभी न मिल पाने की छटपटाहट मुझे असीम दर्द पहुँचाती है। आपकी यादें मेरे दिल को भेदती हैं।

मेरे आँसुओं में आप, मेरी हँसी में आप,
मेरी धड़कनों में आप, मेरी रूह में आप।
माँ हर जगह, बस आप-ही-आप बसती हैं,
मेरे दिल के अहसासों से दूर नहीं हैं आप।
भले ही आज आप एक ख़ूबसूरत ख़याल हैं,
लेकिन हमेशा रहेंगी हमारे दिल में आप।
जैसे चाँद चमकता है सितारों के बीच,
वैसे आप दमकती हैं हम बच्चों के बीच।

आज भी याद आता है, जब आप अपने पल्लू के छोर में सिक्के बाँधकर रखती थीं। हमारे माँगने पर तुरंत हमें 1 रुपया मिल जाता था और हम उस 1 रुपए से बहुत सारी खाने की चीज़ें ख़रीदते थे। आप हमारी हर इच्छा को पूरा करती थीं।

बारिश की बूँदों में आप, बहती नदियों में आप,
हवा के झोंकों में आप, चिड़ियों की चहचहाहट में आप।
बाग़ के हर फूलों में आप, हर दिल में बसनेवाली आप,
मेरी तनहाई में आप, मेरी रूह को महकाने वाली आप,
मेरी अच्छाई में आप, मेरी दुनिया आबाद करनेवाली आप।
मेरे होंठों की हँसी में आप, मेरे आँखों के आँसुओं में आप।
मेरी ज़िंदगी को ख़ुशियों से गुलज़ार करने वाली आप,
मेरी जन्नत हैं आप, माँ! हर जगह आप-ही-आप।

ज़िंदगी चलने का ही नाम है, रुकने का नहीं, हम चलते जाएँगे, मुश्किलें भी होंगी, ठोकरें भी लगेंगी, रास्ते कहीं आसान होंगे, कहीं कठिन भी, ज़ख़्म मिलेंगे तो दवा भी मिलेगी। कुछ अच्छा होगा, कुछ ख़राब होगा और हर राह पर एक ही नाम ज़ुबाँ पर आता है, आता रहेगा (माँ)। एक बार मुझे याद है, क़रीब 8 साल की थी, मेरे स्कूल में वार्षिकोत्सव की तैयारी चल रही थी। मैं हमेशा से नृत्य-संगीत में आगे रहती थी, क्योंकि मुझे बहुत पसंद था, इसलिए मैं हमेशा इसमें भाग लेती थी। हमारी प्रैक्टिस चल रही थी और रमज़ान का महीना शुरू हो गया था। भाई ने कहा कि 'रमज़ान' का महीना है, आज इसे नहीं जाने दीजिएगा और बाहर गेट पर ताला लगाकर चले गए। जैसे ही मेरे जाने का समय हुआ, मैं माँ के पास जाकर रोने लगी तो माँ ने ताला खोल दिया और बोलीं कि जाओ, रोज़ा खोलने से थोड़ा पहले आ जाना, क्योंकि भाई दुकान पर होते थे और इफ़्तार करने घर आते थे। मैं गई और समय पर वापस आ गई, माँ ने फिर से ताला लगा दिया, ताकि भाई को पता न चले। मुझे हँसी भी आ रही है, लेकिन ये बचपन की वे मीठी यादें हैं, जिन्हें मैंने सिर्फ़ इसलिए लिखा है कि माँ अपने बच्चों को दुःखी नहीं देख पाती हैं। माँ का मन मोम की तरह होता है, अपने बच्चों की थोड़ी सी भी तकलीफ़ से पिघल जाता है।

हमारा बचपन गर हमेशा साथ होता,
माँ भी हमेशा हमारे साथ होतीं।
न दूर जाते, न कभी अलग होते,
बस माँ के आसपास घूमते होते।
हमारा दुलार हमसे अलग न होता,
हम कभी इधर-उधर न भटकते।
बचपन की लोरियों की धुन होती,
माँ की ममता से हमेशा नहाता होता।

माँ को इस दुनिया से गए क़रीब तीन महीने हो गए थे और छोटे भाई अपने परिवार के साथ मेरे घर आए। मेरे मायके में एक 'टोस्ट' मिलता था, जिसे वहाँ पर 'पापा' बोलते हैं। हम लोग बचपन से ही बड़े चाव से खाते थे। बहुत स्वादिष्ट होता है। शादी के बाद जब भी मैं मायके जाती थी, मेरे आने की ख़बर सुनकर पहले से ही माँ दुकानवाले को बोल देती थीं, मेरी बेटी आनेवाली है, ख़ूब अच्छे-अच्छे टोस्ट 'पापा' के पैकेट ला देना। वो दुकान मेरे घर के बिल्कुल सामने ही थी। अभी भाई जब आए तो वही 'पापा' लेकर आए, बोले कि माँ हमेशा देती थीं तो मैंने सोचा कि अब मैं भी यह परंपरा क़ायम रखूँ। उनका यह कहना मुझे अंदर से एक अद्‌भुत ख़ुशी का अहसास दे गया और मेरे अंतर्मन को छू गया।

दिल पशेमान है अपनी माँ की मोहब्बत का,
उनकी परवरिश मुझे मुकम्मल बना गई।
हर शै में आपके होने का निशाँ है बाकी,
इबादत करती हूँ अपनी माँ की मोहब्बत का।
आपकी कसरत मुझे बड़ा करने में थी बेशुमार,
कर्ज़दार हूँ बेलौस अपनी माँ की मोहब्बत का।
मुझे चलना सिखाया अपनी उँगलियों के सहारे,
दिल हर ज़र्रे पर मुतासिर है माँ की मोहब्बत का।

मेरी आँखों में नमी थी कि भाई ने ऐसा सोचा। चीज़ छोटी थी, लेकिन उसका अहसास बहुत बड़ा था कि मैं भाई को बता नहीं सकती। उन्होंने वह छोटी सी चीज़ लाकर मुझे कितनी बड़ी चीज़ दी थी, ऐसा लगा कि माँ ने हमेशा की तरह मेरे लिए भेजे हैं। माँ नहीं हैं तो उनसे जुड़ी हर चीज़ मुझे ऐसे चुंबक की तरह जोड़ती है कि मन करता है, उनसे जुड़ी हर चीज़ से, हर यादों में इतनी घुस जाऊँ कि कोई मुझे बाहर न निकाले, मुझे मेरी माँ के पास रहने दे, उनकी यादों के स्पर्श के साथ।

कुछ नहीं माँ के होंठों की मुसकान बनना।
दो पल ही सही उनको थोड़ा हँसा देना।
न देना ख़ुशी तो दर्द का आगाज़ न बनना।
कभी उनके दर्द की दास्तान न बनना।
अपने कुछ पल उनके नाम कर देना।
ख़ुशक़िस्मती है हमारी माँ के साए में रहना।
माँ के पैरों को छूकर जन्नत का अहसास पा लेना।
जन्नत के तलबगार हो तो माँ को न भूलना।

क़रीब साढ़े तीन महीने के बाद मेरे पति और बच्चों ने बहुत कहा कि हमें कहीं बाहर घूमने जाना चाहिए, मैं मना करती थी, अभी तो मेरी माँ इस दुनिया से गई हैं, अभी मैं कैसे जा सकती हूँ, पर मुझे हर पल दु:खी देखकर इन लोगों ने बहुत समझाया कि मेरे लिए इस वक़्त बदलाव बहुत जरूरी है। मैं कहीं बीमार न हो जाऊँ, मुझे कुछ हो न जाए, यह सोचकर मैं चली गई।

कैसे कोई माँ को भूल पाए,
कैसे अँखियों से नीर सुखा पाए।
कैसे माँ बिन सारी ख़ुशियाँ पाए,
कैसे अपने दिल को समझा पाए।
कैसे जीवन रेखा काट पाए,
कैसे अपने अंदर इतना सब्र पाए।
कैसे इस ग़म को कम कर पाए,
कैसे माँ के प्यार को भूल पाए।

जब मैं हवाई जहाज़ में बैठी और हवाई जहाज़ आसमान की ऊँचाइयों पर पहुँचा तो बादलों के बीच मुझे अजीब सी घबराहट होने लगी। ऐसा लगा कि मैं माँ को छोड़कर कहीं जा रही हूँ, फिर मेरी बेटी ने बहुत समझाया, उसने कहा, "नानी यहीं तो हैं, 'बादलों के अंदर', वे आपको देख रही हैं।" उसने कहा तो मुझे भी लगा कि हाँ, सचमुच इन बादलों के ऊपर ही तो ख़ुदा का घर है और मेरी माँ अब एक नई दुनिया में हैं, एक नए घर में हैं। दिल ने कहा, वे अपने इस नए घर में बहुत ख़ुश हैं, पर जहाँ-जहाँ मैं गई, उनका चेहरा हर जगह नज़र आता था।

ऐ ख़ुदा, आपकी जन्नत का नज़ारा क्या होगा,
उस आलीशान जगह पर मेरी माँ का मक़ाम क्या होगा।
माँ एक दुआ और ख़ुदा दुआ क़ुबूल करने का मसीहा,
ऐ ज़िंदगी, तू अब किसी कमी की मोहताज नहीं होगी।
जन्नत जैसी ख़्वाबगाह में मेरी ममता का शहर है,
ख़ुदा की रहमत और माँ की नायाब शख़्सियत।
ओ माँ, आपके क़दमों की बरकत का असर क्या होगा,
एक जन्नत का जन्नत से रूबरू होने का नज़ारा क्या होगा।

माँ का साया तो हमेशा बच्चों के साथ रहता है और मैं उनकी परछाईं हूँ तो हम एक-दूसरे से कभी अलग कैसे

हो सकते हैं। समुद्र की गहराई को तो आप फिर भी नाप सकते हैं, लेकिन माँ के प्यार की गहराई आप कभी नाप नहीं सकते। सोकर जागें तो आप मुसकराती हुई दिखती हैं, स्कूल से आऊँ तो नज़रें आपको ही ढूँढ़ती हैं। जब कभी बुखार हो जाता तो हर वक़्त बस आप चाहिए होती हैं, क्या हैं आप, आपको ख़ुदा ने इतना प्यारा, इतना अनमोल बनाया है कि एक बच्चा आपके बिना अपनी ज़िंदगी का तसव्वुर भी नहीं कर सकता। दुनिया का सबसे ख़ूबसूरत रिश्ता हैं आप। एक बच्चे और माँ के रिश्ते से बढ़कर कोई और रिश्ता इतना प्यारा हो ही नहीं सकता।

जब सोचती हूँ कि एक माँ के प्यार की गहराई कितनी है? सोच नहीं पाती। अपने बच्चे की क़िस्मत लिखने का मौक़ा गर एक माँ को दिया जाता तो आज कोई परेशान नहीं होता। माँ-बाप ही वह हस्ती हैं, जो हर पल बस एक ही दुआ माँगते हैं, अपने बच्चे की सलामती और उनकी बुलंद गर क़िस्मत, एक माँ इससे ज़्यादा और आगे बढ़ ही नहीं पातीं। क्या करें माँ जैसी नेमत, जो ख़ुदा ने हम सबको अता की है, उनकी मोहब्बत इतनी शिद्दत भरी और पाकीज़ा होती है कि उनके दिल में हर वक़्त अपने बच्चे का प्यार कोहिनूर बनकर चमकता रहता है।

चार पहर की लंबी रात,
हमसे पूछ रही है सवाल,
माँ क्यों हर पल सिसक रही है,
क्यों हर घर में वह पिस रही है,
चूल्हे की हो गई ठंडी राख़,
जब सब ने कह दी छोटी बात,
क्यों सबके हाथों से छूट गई है,
माँ के हाथों से बनी रोटी-भात।

सोचती हूँ, सबकुछ है फिर भी एक उदासी क्यों है? हर ज़र्रे में एक ख़ामोशी सी क्यों है? ओ माँ, आपके न होने का असर ऐसा होगा, यह दुनिया इतनी वीरान लगेगी, यह तो पता था, पर इतनी रंगहीन, इतना मन में सन्नाटा होगा, यह सोचा नहीं था। क़ुदरत का अनमोल ख़ज़ाना हैं आप, कितना भी बच्चों के लिए करती जाती हैं, उनके ख़ज़ाने से उनकी ममता, बलिदान, दयालुपन और मज़बूती कुछ भी कम नहीं होता।

दरिया नहीं समंदर हो आप,
पर्वत की सबसे ऊँची शिखर हो आप,
आसमाँ का चमकता सितारा हो आप।
कभी धूप-सी कड़क, कभी छाँव-सी नरम,
एकदम निच्छल और पाक हो आप।
दृढ़निश्चय और आत्मविश्वास से,
हर जगह पर एकदम अडिग हो आप।
ख़ुदा का बनाया सबसे ऊँचा दर्जा हो आप।

पाँच महीने बाद 2 फरवरी को उसी घर में मेरे भतीजे की शादी है। वहाँ जाने में एक हफ्ता रह गया है और दिल यही सोचकर परेशान है, वहाँ जाकर कैसा लगेगा? माँ के जाने के बाद सीधा मैं शादी में जा रही हूँ। पाँच महीने पहले मैं कैसे हालात में गई थी और आज का माहौल शादी का होगा। भीड़भाड़, रिश्तेदार, शादी की रौनक़ सबमें शायद मैं थोड़ा अपने दर्द को कम महसूस करूँ, पर बार-बार ऐसा लग रहा है, कैसा लगेगा वो घर, जहाँ पहली बार माँ मुझे कहीं दिखाई नहीं देंगी। मेरी नज़रें हर कोने में उन्हें ढूँढ़ेंगी, पर माँ मुझे कहीं नहीं मिलेंगी। 1 सितंबर को मेरी माँ के जाने के उस दिन का वो माजरा मेरे चारों तरफ़ घूम-घूमकर काले डरावने बादलों की तरह मुझे घेरे हुए है।

एक दिन मेरी माँ की क़ब्र पर जाना चाहती हूँ,
वहाँ बैठकर आपको महसूस करना चाहती हूँ।
एक बार आपकी आवाज़ सुनना चाहती हूँ,
घंटों बैठकर आपसे बात करना चाहती हूँ।
मेरी जन्नत, मेरी जान, मेरी रूह में हैं आप,
मेरे दिल की तड़प आपको बताना चाहती हूँ।
ख़ुदा इजाज़त दे मुझे तो मैं आपको,
फिर से वापस घर लाना चाहती हूँ।

वह वेदना मुझे नश्तर की तरह चुभ रही है, फिर भी जाना तो है ही, जाना पड़ेगा, ऐ ख़ुदा, मुझे वहाँ सँभाल लेना, आप ही मेरे दर्द में मुझे सब्र दें मेरे मालिक! माँ, मैं कैसे आपसे बात करूँ, कैसे आपको देखूँ, बहुत दर्द में हूँ माँ, आप आओ न माँ, लौट आओ न माँ, मेरी प्यारी अम्माँ, मेरी दुलारी अम्माँ, रूठा-रूठी छोड़ दो, अपनी गुड़िया के पास वापस आ जाओ न माँ!

माँ के जाने के बाद फिर उनकी पहनी हुई सलवार-कमीज़ लेकर बैठी हूँ, माँ को उसमें टटोल-टटोलकर ढूँढ़ती हूँ मैं, माँ की ख़ुशबू महसूस करती हूँ। आपके जाने का ग़म मुझे इतना कचोटेगा, कभी सोचा न था। आप नहीं हैं, यह सोचना ही नहीं चाहती, महसूस करना ही नहीं चाहती मैं, आप हैं, यहीं हैं, मेरे आसपास हैं, यही अहसास मुझे तसल्ली देता है।

क्यों नहीं आपका साथ उम्र भर रहे,
क्यों ये दस्तूर है कि दुनिया से जाना है।
क्यों हम अपनी परछाईं से दूर होते हैं,
क्यों ऐसा नहीं है कि कोई जुदा न हो।
क्यों इतनी बेख़बर-सी हो गई हो माँ,
क्यों माँ कैसे कटेगी अब ये ज़िंदगी।
क्यों दर्द की शिद्दत इतनी बेरहम रहे,
क्यों ये दुनिया माँ के बग़ैर रहे।

माँ नहीं हैं तो हर चीज़ में कमी-सी भर गई है। मेरे दामन में हज़ार ख़ुशियाँ, पर फिर भी सूनी लग रही है। दिल का एक कोना मुरझा गया है, दर्द से भर गया है। एक बच्ची अपनी माँ को पुकारती है। बार-बार मेरी आवाज़ भी बादलों से टकराकर वापस आ रही है, टकटकी बाँधकर निगाहें हर पल अर्श की जानिब, माँ का साया ढूँढ़ रही हैं, जब माँ के दीदार को महसूस कर लेती हूँ, बड़ी ही सुकून की नींद उस रात मैं सो जाती हूँ। ख़ैर, साँसों की डोर तो सबकी एक दिन टूटनी ही है, जो आया है, वह जाएगा, इस सच्चाई से हम भाग नहीं सकते।

आपकी कोख में फिर से पनपना चाहती हूँ माँ को पाने के लिए।
ख़ुदा के दरबार में दरख़्वास्त देना चाहती हूँ माँ को पाने के लिए।
मेरी पैदाइश हो एक बार फिर से माँ को पाने के लिए।
आपकी रहमत के क़दमों में फिर से जगह पाने के लिए।
आपकी तरबियत, आपकी परछाईं फिर से पाने के लिए।
आपकी हिम्मत व मज़बूती फिर से अपने में पाने के लिए।
हर दर्द, हर परेशानी में फिर से माँ का साथ पाने के लिए।
मेरी ज़िंदगी एक बार लौट आए फिर से माँ को पाने के लिए।

माँ, वापस आ जाओ ना, मैं आपकी छोटी सी गुड़िया आपके बिना कैसे रहूँ माँ, मैं किसको अम्माँ बुलाऊँ? मुझे बताओ न माँ, अब आ जाओ भी न माँ! माँ के बिना वो घर कैसा लगेगा, मेरा वो घर जो मेरा मायका है। मेरे माँ के बग़ैर मुझे कैसा अहसास कराएगा? माँ से ही मायका है, एक कशिश आपको हमेशा अपनी ओर खींचती रहती है कि मेरी माँ हैं, जो हमेशा हमारी राह तकती हैं, जिनसे हम घंटों बैठकर बातें करते थे, वह मेरा मायका अब कैसा लगेगा, सब कितने भी अच्छे हों, लेकिन माँ की कमी कोई पूरी नहीं कर सकता। आज उस घर में जाने से एक बेचैनी सी महसूस हो रही है। माँ के बाद वह अधिकार ही खत्म-सा लगने लगा, जहाँ हम बड़े गर्व से कहते थे कि मैं अपने घर जा रही हूँ, आज वह घर बेगाना सा लग रहा है। मन कह रहा है मत जाओ, अपने

क़दम पीछे ले लो, लेकिन यह भी सच है कि और भी रिश्ते हैं, जिन्हें निभाना है, सबकुछ खत्म-सा लगता है, पर सबकुछ ख़त्म नहीं होता। अपने भाई-बहनों से मिलकर अपने माँ-बाप की यादें ताज़ा करके, बचपन की यादें और बहुत सारी बातें करके फिर से उनको अपने पास महसूस करने का यह भी एक मौक़ा होता है। सारी ख़ुशियाँ अधूरी लगती हैं, सबकुछ है, पर ख़ालीपन का अहसास बहुत है। ऐ माँ, आप क्या हो, क्यों इतनी अजीज़ (प्यारी) हो।

मैं आऊँ तो आप मिलोगी क्या?
मुझको अपने गले लगाओगी क्या?
अपने आँचल में मुझको छुपाओगी क्या?
दो निवाले अपने हाथ से खिलाओगी क्या?
अपने दीदार से पुरनम करोगी क्या?
अपने साथ मुझे सुलाओगी क्या?
आज भी मैं छोटी बच्ची हूँ माँ?
अपनी गोद में मुझको उठाओगी क्या?

ये सभी जानते हैं माँ जैसी ख़ूबियाँ किसी में नहीं है। माँ वो हैं जो गर्दिशों में हमारा सहारा हैं। माँ हमारी जादूगर होती है कुछ नहीं बताओ फिर भी सब जान लेती है। क्या ख़ुदा ने कोई चिप लगाकर भेजा है या फिर माँ कोई ज्योतिषी

या अंतर्यामी होती हैं? नहीं, ऐसा कुछ नहीं है, माँ कुछ भी नहीं होती हैं, माँ तो बस माँ होती हैं। वह हमे हमारे जन्म के पहले से ही समझने लगती है और जीवनभर हमारी हर ज़रूरतों को बिन कहे ही समझ जाती हैं। ख़ुदा ने माँ को कुछ ऐसी शक्ति दे रखी कि माँ हर चीज़ बिना कहे ही समझ लेती हैं। हमारे ज़माने में तो हमारी माँएँ पढ़ी-लिखी भी नहीं होती थीं, न वो डॉक्टर होती थीं, न अध्यापिका होती थीं, फिर भी ज़िंदगी की बड़ी से बड़ी शिक्षा उन्होंने ही दी है। उनकी शिक्षा की रौशनी में हम पूरी ज़िंदगी आगे बढ़ते हैं। जो शिक्षा माँ ने दी है वो बड़े-बड़े ज्ञानी भी नहीं दे पाएँ । माँ ने बीमारी की हालत में जिन-जिन जड़ी-बूटियों से हमें ठीक किया है, उनके बारे में आज बच्चों को बताती हूँ तो बच्चे बहुत हैरान होते हैं, कहते हैं अच्छा इस तरह भी बीमारी ठीक हो जाती थी। मैं कहती हूँ, हाँ बेटा, मेरी माँ डॉक्टर न होकर भी हमारे हर दर्द का, हर बुखार का इलाज करती थीं और उनकी वो दवाइयाँ हमारे शरीर को नुकसान भी नहीं पहुँचाती थी, बस फायदा ही होता था। सब कहते हैं ना माँ भगवान का दूसरा रूप हैं। हमारी माँ, माँ के रूप में डॉक्टर जैसी भी भगवान थीं, वो हर दर्द की दवा थीं और हमारे हर आस की बुलंदी थीं। जहाँ उनके क़दम पड़ जाते हैं वहाँ बरकतों की, नेमतों की बारिश हो जाती है।

माँ ही मेरी सलाहकार
माँ ही मेरी गुरु
माँ ही मेरी डॉक्टर
माँ ही मेरी सहेली
माँ ही मेरी दुनिया
माँ ही मेरा सुकून
माँ ही मेरी वफादार
माँ ही मेरी बुलंद तकदीर

मैं 28 जनवरी को वहाँ पहुँच गई, मैं माँ के कमरे में गई और वहीं बैठ गई। भाई ने कहा कि माँ कहीं नहीं गई हैं, यहीं तो बैठी हुई हैं। हम कितना भी अपने को दिलासा दे लें, पर सच तो यही है कि माँ हमारे बीच नहीं थीं। शादी की रस्में शुरू हुईं, हर रस्म में माँ नज़र आ रही थीं। मुझे ऐसा लगता था, वे यहीं मौजूद हैं। उनकी कमी बहुत ज़्यादा महसूस हो रही थी। दर्द का ग़ुबार सबके अंदर था, लेकिन ख़ुशी का मौक़ा था तो सबने ख़ुशी से सारी रस्मों को पूरा किया।

हर लम्हा यही लगता था कि माँ होतीं तो आज कितनी ख़ुश होतीं, एक अलग ही रौनक़ होती। सबकुछ अच्छे से बीत गया और आते हुए माँ की याद में बहुत रोना आया। सबने बहुत प्यार दिया। बड़े भाई ने कहा कि अब हमारे अंदर ही माँ-पापा को देखो। उनकी इस बात से मन भर आया। और क्या चाहिए एक बहन, एक बेटी को, सिर्फ अपनों का प्यार और मान-सम्मान, यही हम बेटियों के लिए मायके की सबसे बड़ी दौलत होती है। मैं वापस आ गई। वहाँ शादी की भीड़भाड़ थी, बहुत खुशियों भरा माहौल था, सबकुछ बहुत अच्छा लगा। सबके साथ ख़ूब मज़े किए, गाना गाया, डांस

किया, आखिर भतीजे की शादी थी तो हम लोगों ने ख़ूब जोश और हँसी-ख़ुशी से सबकुछ किया, लेकिन बार-बार यही ख़याल आता—काश! आज यहाँ पर माँ भी होतीं तो इन ख़ुशियों का मोल चौगुना हो जाता, कई बार आँखें भर आती थीं। सबकुछ था, पर आप नहीं थीं माँ, एक ख़ालीपन था मन के कोने में, जो कभी भी भर नहीं पाएगा। अगर मैं कहूँ कि आप वहाँ नहीं थी तो शायद यह ग़लत होगा माँ! मायके के हर हिस्से में आप मौजूद हो माँ! हर रस्म में ऐसा लग रहा था कि आप यहीं हो, आप मुझे हर जगह दिख रही थीं माँ, मेरी कल्पनाओं के ज़रिए मैं आपको देख रही थी, माँ! मैंने घर के हर कोने में, हर दर पर आपको महसूस किया। मैं आपकी बिटिया, आपकी गुड़िया आपसे बहुत प्यार करती हूँ और हमेशा करती रहूँगी।

जब मैं अपने अक्स आप में ढूँढ़ती थी माँ,
मेरी गुड़िया है ही सुंदर, ऐसा कहती थीं माँ।
मेरी तारीफ़ आप करती रहती थीं माँ,
फिर से मुझे प्यारी बिटिया कहो न माँ!
बहुत दिनों से आपसे बात हुई नहीं माँ,
दिल बेक़रार है, इंतज़ार हर पल है माँ!
मुझसे आज ढेर सारी बात करो न माँ,
अपनी बाँहों में फिर से भर लो न माँ!

वह जगह अनमोल है, जहाँ आप रहती हो, आपका वो बसेरा चाहे महल हो या झोंपड़ी हो, आपकी मौजूदगी से ख़ूबसूरत और अनमोल हो जाती है, गर ख़ुदा मुझसे पूछें कि कहाँ रहना चाहेंगी ? मैं हमेशा यही कहूँगी, अपनी माँ के क़दमों में, जहाँ मेरी जन्नत है, माँ के क़दम चूमूँगी सुबह-शाम, दे दो मुझे उनके क़दमों में जगह, जहाँ मेरा मक़ाम है, जहाँ मुकम्मल हूँ मैं, जहाँ सुकून है, चैन है, बंदगी है। मोहब्बत का पहला नाम है माँ, त्याग और बलिदान की मूरत है माँ, माँ शब्द ही एक पूरा संसार है, माँ जैसी कोई और हो, यह हो ही नहीं सकता, माँ के आगोश की ठंडक कहीं और नहीं मिल सकती। मोहब्बत करो तो उस माँ से करो जिसकी मोहब्बत की कोई मिसाल नहीं, माँ की डाँट हो या पुचकार, माँ की हर बात में ममता-ही-ममता लबरेज़ (भरा) है।

माँ मुसकराए तो फ़रिश्ते ख़ुश होते हैं।
माँ नाराज़ तो ख़ुदा भी नाराज़ होता है।
माँ की नाफ़रमानी से आसमाँ भी रोता है।
माँ के क़िरदार से बुलंदी हर घर की।
माँ से गुस्ताख़ी, बदकिस्मती की निशानी।
माँ को आला (ऊँचा) ख़ुदा ने बनाया है।
माँ की नाक़दरी मतलब ख़ुदा से नाइत्तेफ़ाक़ी।
माँ की सलामती का, ख़ुदा मयार होता है।

आपके बारे में क्या लिखूँगी मैं, आप एक पूरी दुनिया हैं और पूरी दुनिया के बारे में सबकुछ नहीं लिख पाऊँगी।

आज भी मैं अपने फोन से आपका नंबर मिटा नहीं सकी, हिम्मत ही नहीं हुई। माँ का नंबर आज भी मेरे दिलो-दिमाग में बसा है। आज भी फोन उठाकर देखती हूँ तो एक हूक उठती है, दर्द की चादर में लिपट जाती हूँ। आप मेरे ख़्वाबों में आती हैं, आपसे बातें होती हैं, बहुत अच्छा लगता है। जिस दिन आपको ख़्वाबों में देखती हूँ, मुलाक़ात का अहसास रहता है। माँ, आपकी जगह ख़ुदा ने जो बनाया है, वह सच में एक बुलंद और सबसे क़ीमती जगह है। आपकी कमी का अहसास इतना भारी है कि जैसे हर वक़्त प्यासी-सी यादों के सेहरा में घूम रही हूँ। तड़प रही हूँ, बेचैन हूँ, छटपटाहट है, कभी सब्र होता है, कभी सब्र का पैमाना भरकर बहने लगता है।

आपकी लोरी की आदत है मुझे,
आजकल नींद बहुत सताती है मुझे।
आपकी आवाज़ कानों में गूँजती है,
मीठी लोरी की धुन कानों में बजती है।
माँ को ढूँढ़ती हैं निगाहें मेरी,
मन दर-दर भटक रहा है मेरा।
प्यारी माँ के पास होने का हो अहसास,
नींद भी शायद जकड़ ले बेइंतेहा मुझे।

रमज़ान का महीना शुरू हो गया, जैसे ही दो हफ़्ते बीते, लगा, अब तो ईद आने वाली है। इस बार माँ के बिना ईद कैसी होगी, ईद हमारा सबसे बड़ा त्योहार है। ईद मनाने में हम सबको बहुत ज़्यादा ख़ुशी होती है। अभी पिछली ईद पर माँ से वीडियो कॉल के ज़रिए बात हुई थी। जैसाकि मैंने बताया था कि माँ की आवाज़ चली गई थी, लेकिन रमज़ान के महीने में माँ की आवाज़ थोड़ी-थोड़ी आने लगी थी। एक दिन भाई ने माँ से पूछा कि बेटियों से बात करेंगी, तो उन्होंने कहा कि हाँ, भाई ने पूछा कि किससे बात करेंगी तो माँ ने कहा कि गुड़िया से। मेरे घर में मुझे प्यार से गुड़िया कहते हैं। ईद के दिन माँ ने थोड़ी-थोड़ी आवाज़ में सलाम का जवाब भी दिया और ईद मुबारक भी कहा। मेरी भतीजी ने बताया कि आज तो दादी अम्माँ ने अपने हाथ से प्याली पकड़कर सेवइयाँ खाई हैं।

यह सुनकर इतनी ख़ुशी हुई और ऐसा लगा कि मेरी माँ धीरे-धीरे ठीक हो जाएँगी और थोड़ी-थोड़ी आवाज़ भी वापस आ रही है, तो माँ फिर से बोलने लगेंगी। ईद के अगले दिन से तबीयत फिर से ख़राब हो गई, जो थोड़ा-बहुत खाती थीं, वह भी खाना बंद कर दिया। इस तरह वे कमज़ोर होती चली गईं। जो थोड़ा-बहुत बोलना शुरू हुआ, वह भी बंद हो गया। माँ के जाने का दुःख तो एक तरफ़ है, लेकिन दूसरी तरफ़ यह दुःख मुझे हर घड़ी तोड़कर रख देता है कि आख़िरी वक़्त तक माँ बोल नहीं पाईं। वे अगर बोल पातीं तो अपने मन का कुछ कह

पातीं। न बोल पाने की उनकी जो घुटन थी, उनकी आँखों में जो ख़ालीपन था, वह मुझसे छिपा नहीं थी। सबकुछ समझ में आता था, लेकिन मैं कुछ नहीं कर सकती थी। काश! मेरी माँ आख़िरी पलों में हम सबसे बातें कर पातीं तो हमें भी थोड़ा सुकून मिल जाता। यही बात हमें हर वक़्त परेशान करती है, पर ख़ुदा की यही मर्ज़ी थी और हमें हर हाल में अपने ख़ुदा के सामने सिर झुकाना है। वे जो करते हैं, उसके पीछे कोई-न-कोई वजह ज़रूर होती है। किसके जीवन में कितना सुख आएगा, कितना दुःख आएगा, सब ऊपरवाले की मर्ज़ी होती है।

आँसुओं की वजह से मुसकराहट जानी नहीं चाहिए,
ख़्वाब टूटें मगर ख़्वाहिशें ख़त्म होनी नहीं चाहिए।
क़िस्मत रूठे मगर हसरतें मिटनी नहीं चाहिए,
कितने भी दर्द हों, हौसलों की उड़ान टूटनी नहीं चाहिए।
अमीरी की छत हो, मगर पैर से ज़मीन जानी नहीं चाहिए,
गैरों से मिलो, पर अपनों को भूलना नहीं चाहिए।
एक शै हैं पाक़ीज़ा, उनको हमसे दूर होना नहीं चाहिए।
सब जाएँ मगर माँ ज़िंदगी से जानी नहीं चाहिए।

इस बार ऐसा लग रहा है कि हर ईद की तरह सुबह से बार-बार यही याद आता रहता था कि अभी माँ से बात करनी है और ईद की मुबारकबाद देनी है। जब तक माँ से बात नहीं हो

जाती थी, ईद अधूरी सी लगती थी। माँ भी बहुत ख़ुश हो जाती थीं। इस बार ईद में माँ नहीं होंगी। ईद बिल्कुल बरौनक़ लगेगी, क्योंकि इस ईद में माँ जो शामिल नहीं रहेंगी।

बाग़ों में कलियाँ खिलीं तो फूल आए,
ईद का चाँद नज़र आया तो ईद आई।
शाम हुई तो पंछी भी घोंसले में आए,
सुबह के भूले शाम को घर वापस आए।
सब आ गए माँ, आप कब आओगी,
मेरे दिल को क़रार आए, जब माँ आएँ।

आज तारीख़ 1 सितंबर, 2022 है, एक साल पहले 1 सितंबर, 2021 आज ही की तारीख़ में माँ हम सबको इस दुनिया से हमेशा-हमेशा के लिए छोड़कर चली गई थीं। वैसे तो शायद कोई ही ऐसा पल होगा, जिसमें माँ की याद नहीं होगी, पर आज के दिन का सारा मंज़र चलचित्र की तरह घूम गया। मेरे दर्द की टीस को एक गहरी शिद्दत से ढक गया। मन कहता है कि माँ वापस आ जाएँ तो हम कभी उनको जाने नहीं देंगे। अपने से अलग कभी होने नहीं देंगे, लेकिन यह बस ख़्वाबों व ख़यालों की बातें हैं, जो कभी पूरी नहीं हो सकतीं। उन ख़्वाबों की ताबीर हम करते हैं, अपने को बहलाने और फुसलाने का यह एक फ़रेब ही है और कुछ नहीं। ख़ुदा जब तक चाहें तब तक ज़िंदगी के साँसों की डोर

हमसे जोड़कर रखते हैं और अपनी मर्ज़ी मुताबिक़ हमारे साँसों की डोर हमसे छीन लेते हैं। माँ हम सबको अकेला कर गईं, हमारी ख़ूबसूरत ज़िंदगी को बेरंग कर गईं। आप ऐसी दुनिया में क्यों हैं, जहाँ से हम आपको ला नहीं सकते। कितने भी दिन, महीने, साल बीतेंगे, मगर मुझे हर दिन ऐसा लगता है, जैसे कल की ही बात है, उतनी ही तकलीफ़देह, उतने ही गहरे घाव की टीस बनी हुई है।

फिर से मेरे मायके में मेरी भतीजी की शादी है। माँ को गए एक साल हो गया ऐसा लगता है, जैसे कल की ही बात है। हर ज़ख़्म ताज़ा है, हर दर्द गहरा है, आपसे जुड़ी हर बात ताज़ा है।

इस बार घर गए तो आपके कमरे की हर चीज़ बदल गई थी। अब भाई-भाभी आपके कमरे में रहते हैं। आप जिस तख़्त पर सोती थीं, वह अब नहीं था। आपकी हर चीज़ वहाँ से नदारद थी। आप नीचे अपने कमरे में रहती थीं तो भाई-भाभी को बहुत सुकून रहता था। आप चली गईं तो उनको ऊपर से नीचे शिफ्ट होना पड़ा। उनकी ज़िम्मेदारियाँ बढ़ गई थीं। भले ही कमरे में चीज़ें अलग थीं, पर आपका अहसास उस कमरे में बसा हुआ है। मुझे आप वहीं लेटी हुई महसूस हो रही थीं, आपका हमें देखना, आपका कभी-कभी थोड़ा मुसकराना, सब याद आ रहा था। आपकी बीमारी के वे साढ़े पाँच महीने मन से कभी जाते ही नहीं। आपकी वह तकलीफ़ भुलाए नहीं भूलती। अपने को बहुत समझाती हूँ, आपको अपने क़रीब महसूस करती हूँ, आपसे बात करने लगती हूँ। जब मैं अपनी ख़ाला (मौसी) को देखती हूँ तो माँ का अक्स नज़र आता

है। जब मैं अपनी बड़ी बहन को देखती हूँ तो माँ की परछाईं नज़र आती है। इस तरह मैं सबके अंदर माँ को ढूँढ़ती हूँ।

ख़ुशनसीब वह घर है, जहाँ माँ रहती हैं।
ख़ुशनसीब वह बच्चे हैं, जिनकी माँ साथ हैं।
ख़ुशनसीब वह पल है, जिसमें माँ बसती हैं।
ख़ुशनसीब वह मंज़र है, जिसमें माँ हँसती हैं।
ख़ुशनसीब वह घर है, जहाँ माँ से बरकत है।
ख़ुशनसीब वह फुलवारी है, जिसे माँ सजाती हैं।
ख़ुशनसीब वह है, जिसके लिए माँ खाना पकाती हैं।
ख़ुशनसीब वह देहरी है, जहाँ से माँ गुज़रती हैं।

ऐसा लगता है कि मैं आपके प्यार की, ख़याल की, तीमारदारी की, देखभाल की हमेशा कर्जदार रहूँगी। सोचती हूँ, जब पहली बार मैंने आपकी उँगली पकड़कर चलना सीखा होगा, उस वक़्त जो ख़ुशी आपके चेहरे पर रही होगी, उसकी भी कर्जदार हूँ मैं, जब मेरे लिए रातों को जागी होंगी आप, आपकी उस बेशक़ीमती नींद की भी कर्जदार हूँ मैं, मेरी वजह से कई बार परेशान होकर रोई होंगी आप, आपके उन आँसुओं की भी कर्ज़दार हूँ मैं। आपकी ममता, आपका बड़प्पन, आपकी रहनुमाई (दया), आपकी सब्रदारी की बुलंदी को क्या कहूँ मैं माँ, आपके

किरदार की हर ख़ूबी की कर्ज़दार हूँ मैं, इसलिए मैंने अपनी कविता में लिखा है, आपसे मेरी कोई तुलना नहीं है, न कभी हो सकती है, बस मैं अगले जन्म में आपकी माँ बनकर आना चाहती हूँ, ताकि अपने इतने क़र्ज़ का हिसाब कुछ तो कम कर सकूँ। आपके बेमतलब प्यार के बदले मैं भी बेइंतहा प्यार आपको देना चाहती हूँ। बचपन के ख़ूबसूरत पल में बसना चाहती हूँ। मैं सोच रही थी, ख़ुदा ने जन्नत क्यों बनाई? जब जन्नत माँ के क़दमों में रख दी तो ऐसे में जहाँ पर सारी माँएँ इकट्ठी रहेंगी, वहाँ तो ऐसे ही जन्नत का आशियाँ बस जाता होगा।

आपके क़दमों के निशाँ हर कोई ढूँढ़ रहा होगा,
हर कोई आपसे जन्नत का पता पूछ रहा होगा,
जन्नत की ख़ूबसूरती के कसीदे सुनना चाह रहा होगा,
सारी माँओं के होने से जन्नत का शहर बस रहा होगा,
माँ ही जन्नत हैं, माँ ही जन्नत हैं, यही शोर हो रहा होगा,
ज़र्रे-ज़र्रे में एक अलग ही मख़मली रौनक़ फ़ैल रहा होगा,
आपकी मुसकराहट से सुबह का सुरूर क्या हो रहा होगा,
आपके शामिल होने से जन्नत और भी नूरानी हो रहा होगा।

बच्चे भी कभी-कभी सोचते होंगे माँ ऐसी क्यूँ हैं, क्यों बार-बार हमें परेशान करती हैं, क्यों माँ बार-बार यह कहती हैं, बेटा यह खा लो, बेटा अब यह खा लो, बेटा थोड़ा तो कुछ खा

लो, माँ इतना पीछे क्यों पड़ी रहती हैं, क्यों हर थोड़ी देर कुछ खा लो, कुछ खा लो कहती रहती हैं। हर वक़्त तो कोई खा नहीं सकता है, पर माँ को समझ में ही नहीं आता है। लेकिन बच्चों क्या कभी सोचा है कि माँ ऐसा क्यों करती हैं? क्योंकि आपके बाल्यावस्था से ही आपके हर पल की भूख का अहसास एक माँ को ही होता है। माँ को यह भली-भाँति पता होता है कि मेरे बच्चे को कब भूख लगी होगी, हाँ ठीक है आप बड़े हो गए हो, लेकिन उनके लिए तो आप हमेशा बच्चे ही रहोगे। वह आपको हमेशा छोटे बच्चे जैसे ही देखती हैं, क्या करें वो माँ हैं वो अपना नज़रिया नहीं बदल पाती हैं। उनको लगता है शायद अब थोड़ी सी भूख लग गई होगी मैं पूछ लेती हूँ और बच्चे सोचते हैं माँ कितनी बार पूछेंगी, अब मैं बड़ा हो गया हूँ, माँ को परेशान होने की ज़रूरत नहीं है जब भूख लगेगी मैं बता दूँगा। बच्चों, माँ के लिए यह कोई परेशानी नहीं होती है माँ के लिए यह माँ के दिल में बच्चों के लिए बसा हुआ बेशुमार प्यार होता है, बच्चों के लिए ममता होती है जो उन्हें बार-बार विवश करती है कि बहुत देर हो गई मेरे बच्चे ने कुछ खाया नहीं है, बहुत देर हो गई है मेरे बच्चे ने कुछ पिया नहीं है बस माँ ऐसी ही होती हैं। माँ की ऐसी बातों से परेशान मत हुआ करो माँ जो करती हैं वह ख़ुशनसीब वालों को मिलता है। कल को जब आप उनसे कहीं दूर जाओगे तब माँ की यही ममता आपको बहुत याद आएगी और तब आपको उनका प्यार नज़र आएगा कि वह जो करती हैं वो उनका प्यार होता है।

पापा कहते थे, मैं उनके जैसी हूँ।
माँ कहती थीं, मैं उनके जैसी हूँ।
तो कोई कहता, सुंदर है बिटिया।
माँ ने मुझको मेरा नाम दिया है।
अपनी पसंद से 'नाज़रीन' रखा है।
सोच रही हूँ, माँ को याद कर रही हूँ।
माँ ने एक दिन, बड़े प्यार से कहा था।
मैं उनकी गुड़िया, बिलकुल चाँद जैसी हूँ।

माँ के जाने के बाद, सब ने कहा अभी दर्द ताज़ा है, अभी ज़ख्म गहरा है, जैसे -जैसे वक़्त बीतेगा, वैसे-वैसे दर्द की शिद्दत कम होगी। उनकी यादों की ज़ंजीर तो हमेशा ही हमें जकड़कर रखेगी, उससे तो हम कभी भी बाहर नहीं निकल पाएँगे क्यूँकि माँ की यादें सिर्फ़ यादें नहीं होतीं, उनके साथ बिताए गए सुबह से लेकर शाम तक का हमारे ज़िंदगी का सार होता है। हमारा सारा बचपन उनका आँचल पकड़कर बीतता है। ऐसा लगता है, माँ कहाँ जाएँगी, वह तो आज भी हर पल मेरे दाएँ-बाएँ हैं। माँ के साथ बिताए गए सारे पल अभी भी उतने ही ताज़ा हैं जितने बीते हुए दिनों में थे। माँ के साथ बिताया हुआ कोई भी वक़्त पुराना हो ही नहीं सकता, क्यूँकि उन पलों को हम बिताते नहीं हैं बल्कि उन सारे लम्हात को हम उनकी ममता के चादर में लिपट कर जीते हैं। माँ से जुड़ी हर चीज़ मेरे मन के हर पन्ने पर अंकित है और सब कुछ मेरे मन में विचरण करता

रहता है। अभी भी ऐसा ही महसूस होता है, मैं माँ के साथ ही हूँ, मैं बचपन के ही दिनों में चली जाती हूँ, माँ के साथ गुज़ारे हर एक पल में खो जाती हूँ, आँख बंद करती हूँ और माँ को महसूस करती हूँ। अभी भी ऐसा लगता है, माँ पुकारेंगी अरे गुड़िया चलो खाना खा लो, आ जाओ विद्यालय जाने का वक़्त हो रहा है, वो खाने का डिब्बा तो रोज़ देतीं ही थीं और साथ ही कुछ पैसे भी देती थीं कि कुछ मन करे तो खा लेना। बड़े प्यार से पूछतीं, आज ये बनाऊँ, खाओगी ? मैं झट से हाँ कह देती थी क्यूँकि माँ जो भी बनाती थीं, लाजवाब बनाती थीं, उनके बनाये खाने में यह सोचना ही नहीं पड़ता था कि ये चीज़ अच्छी बनी होगी या नहीं, क्यूँकि माँ के बनाए हर खाने में स्वाद था। चलते चलते रुक जाती हूँ, पीछे मुड़ कर देखती हूँ, क्या माँ ने पुकारा है, ये अहसास भरती हूँ। कोई कितना भी कहे आपकी यादों का घाव वक़्त के मरहम से भर जाएगा लेकिन माँ आपके यादों का फूल कभी भी मुरझा नहीं सकता, वो जितना कल ताज़ा था उतना ही ताज़ा आज भी है और हमेशा रहेगा।

आपकी यादें, कभी पुरानी हो नहीं सकतीं।
आप मेरी दुनिया से रुख़सत हो नहीं सकतीं।
हर लम्हा आपके साथ गुज़ारा हैं मैंने,
उसकी तासीर मुझसे जुदा हो नहीं सकतीं।
आज भी मैं आपको अपने साथ पाती हूँ।
अपने मन की आपसे ढेरों बात करती हूँ।

आप कहीं नहीं गईं हैं मुझे छोड़कर,
अपनी ममता से आप दूर हो नहीं सकतीं।

मेरी माँ आज ख़ुदा के घर पर हैं और मुझे ऐसा लगता है, वहाँ से भी माँ अपनी दुआओं का ज़खीरा (खज़ाना) हमारे लिए भेजती ही रहेंगी, क्योंकि वो एक माँ हैं, वो कहाँ हार माननेवाली हैं। आज भले ही वे मेरे साथ नहीं हैं, लेकिन उनकी दुआएँ हमेशा हमारे साथ रहेंगी। काश! यह पुस्तक मैं आपको भेज पाती और आपको बता पाती कि मैं आपसे बहुत-बहुत प्यार करती हूँ।

ज़मी को आसियाँ मिल गया।
आसमाँ को सितारा मिल गया।
मैं ख़ुशनसीब थी सबसे ज़्यादा,
मुझे माँ का प्यार मिल गया।
किसी को गहना मिल गया।
किसी को जायदाद मिल गई।
मैं माँ के क़दमों में बैठी रही,
और मुझे जन्नत मिल गई।

काश! मैं आपके लिए और भी कुछ कर पाती। ये काश! हमारे जीवन से ऐसे ही जुड़ा रह जाता है। आप मेरे लिए क्या हैं, यह सिर्फ़ मैं जानती हूँ। ऐसा लग रहा है कि आपके जाने के बाद जिस्म रह गया है और रूह (आत्मा) आपके साथ चली गई है। माँ, आप बहुत याद आती हैं। ऐ मालिक, मैं जब दोबारा जन्म लूँ तो मुझे यही माँ देना, यही गोद देना। आमीन! माँ! आपके लिए बहुत सारा प्यार और एक बेटी की तरफ़ से एक छोटी सी पुस्तक अपनी जान से भी प्यारी माँ को एक छोटी सी श्रद्धांजलि के रूप में अर्पित करती हूँ।

□□□

FCW - #0203 - 061026 - C0 - 216/140/7 - PB - 9789355218261 - Matt Lamination